あらゆる時事問題を完全攻略！

公務員
試験 **速攻の時事**

実戦トレーニング編

資格試験研究会 編
実務教育出版

令和**4**年度
試験
完全対応

JN250085

はじめに

　本書は，『公務員試験 速攻の時事』のいわばパート2である。『速攻の時事』で頻出ポイントを学習しながら，この『実戦トレーニング編』で問題演習を積み重ね，時事対策を万全なものにしてもらおうというのが，著者の願いである。

　時事問題とはいっても，試験である以上，傾向や頻出パターンは存在する。そこで，本書では，まず時事問題の傾向や出題のされ方を徹底的に分析した。そして，それを踏まえて，実戦力を強化するための豊富な問題演習を用意した。

　用語になじみがなければ，時事の知識を頭に定着させるのは難しい。そこで，『速攻の時事』の内容がスッと頭に入るように，「暗記お助け」のページも設けた。

　『速攻の時事』ともども，本書を大いに活用してもらえれば幸いである。

執筆責任者
高瀬淳一

　この本は『公務員試験 速攻の時事』に書かれている知識の「定着と確認」を図るためのトレーニングブックである。『速攻の時事』が時事対策のための「要点整理編」であるとすれば，こちらは時事対策のいわば「暗記お助け＋実戦力養成編」になる。

　本書は，『速攻の時事』と同じ章立てになっている。『速攻の時事』の学習に併せて利用してもらうためである。内容も『速攻の時事』を持っていることを前提に書かれている。2冊を並行して利用し，時事に関する知識の定着を図ってほしい。

　本書は，各章それぞれに，「過去問研究」「暗記お助け」「問題演習」が，順番に並んでいる。その特長と利用法を順に説明していこう。

●実戦力をつけるには，やっぱりまずは「過去問研究」！

　時事問題というのは，そのときどきの情勢や政策など「新しい事実」を取り上げた問題のことだ。しかし，だからといって傾向がないわけではない。過去問を研究してみると，テーマの選定や選択肢のつくられ方など，似ている問題があることに気づく。**取り上げる事実は新しくても，出題パターンにはやはり傾向があるのだ。**

　そこで，各種公務員試験から時事関連の問題をピックアップしてデータベースをつくり，それに基づいて出題傾向を調べてみた。そして，その結果を各章冒頭の「過去問研究」のページに示した。

　まずこのページで，どういうテーマを重点的に勉強すればよいのかを確認しよう。時事なのだから，過去の頻出テーマだけをやればよいというものではないが，時間効率を考えることも必要だ。やはり**出題されてきたテーマから押さえていくのが「受験の鉄則」**というものだろう。

●「暗記お助け」で必修用語を一気にチェック！

　よく出るテーマについて，時事の頻出用語や関連する知識をまとめて整理したのが「暗記お助け」のページである。文字どおり，君たち受験者の暗記のお手伝いをしよう，というのがねらいだ。

　経済分野などは特にそうだが，用語になじみがないと，ここがポイントだといわれても，なかなか頭に入ってこない。そこで，この「暗記お助け」では，**必要に応じて基礎用語や頻出用語の復習をしながら，最新の時事用語のチェック**ができるようになっている。

「暗記お助け」のページは，いわば『速攻の時事』をきちんと理解するための「まとめノート」，あるいは「単語帳」である。ノートを取る時間も惜しい受験者にはきっと役立つはずだ。

　とはいえ，この「暗記お助け」を読んだだけで試験に立ち向かってはならない。時事を理解するには，用語や数値の暗記だけでは不十分だ。あくまでも『速攻の時事』を読み抜くための「お助け」であることを忘れないでほしい。

　なお，この「暗記お助け」では，いくつかの話題のテーマについて，考え方も紹介している。**時事の話題は論文・作文試験や面接試験でも，政策論を語るうえでも重要な要素となる。**そのためには，時事問題について自分の意見を持つことも重要だ。本書では，コラムなどを利用して，そのための手がかりを随所にちりばめてある。ぜひ参考にしてもらいたい。

●「問題演習」で実戦力アップ！

　各章には4〜7問の問題演習がついている。各章の重要テーマについて，基礎から応用までバラエティに富んだ問題を用意している。

　過去問を見ていると，長い選択肢であっても，正誤の判断ポイントが意外に単純なものをよく見かける。増減が反対であったり，条約や法律の名前が別のものであったりするのである。**本書の問題演習では，そういった基本パターンの問題も用意されている。**問題を解きながら，「どこに注意しながら選択肢を見ればよいか」という“見方”を習得してほしい。

　もちろん，本書は基本問題だけでなく応用問題も載せている。実際の試験では，瑣末（さまつ）な知識を問う選択肢や，「ひっかけ」や「ひねり」が加えられた選択肢を見ることもあるだろう。頻出テーマなら，なおのこと注意が必要になる。過去問と似すぎないように，各選択肢がマイナーな内容を取り上げる可能性が高くなるからだ。

　実戦的であることを目指す以上，知らない内容を含む問題への対処もトレーニングしてもらわなければならない。本書で難易度の高い問題に取り組むことで，なんとか対処できるよう，難問打開のカンを養ってもらいたい。

　以上が本書の構成のあらましである。もちろん，本書はどこから手をつけていってもかまわない。自分の得意分野から，次々と知識の確認と問題演習を進めていこう。時事はこれで完全征服だ！！

令和4年度試験完全対応　公務員試験　速攻の時事 実戦トレーニング編　目次

第1章 日本政治

● 過去問研究

「選挙」は民主主義の基本

　選挙は民主主義の基本。そのため公務員試験では選挙に関する出題が多い。これまでの傾向を見ると，**大きな制度改正（＝公職選挙法の改正）が行われたあとの出題はほぼ確実だ**。2016年には衆議院選挙についてアダムズ方式の導入が決まり，2018年には参議院の選挙制度で定数増や特定枠創設の改正があった。するとさっそく，平成28年度の国家一般職［大卒］は政治学で定数是正や18歳選挙権を含む問題を，29年度の国家総合職は政治学でアダムズ方式を出した。参院選の特定枠については，令和元年度の特別区［Ⅰ類］が取り上げた。

　当然のことながら，国政選挙の前後には選挙の出題確率は高まる。政治の生々しい話は出にくいが，期日前投票の利用者数や投票率の動向を問う出題ならありうる。令和元年度の国家一般職［大卒］は選択肢で20歳台の衆議院議員の当選者数に言及し，2年度の東京消防庁消防官［Ⅰ類］は参院選の議席数を選択肢に入れた。どちらも例外的だが，出題範囲の広がりを示唆している。2021年の総選挙についても，投票行動を示す分析結果などに注意しておくほうがよいだろう。

　なお，選挙関連では「1票の格差」についての最高裁判決にも注意が必要だ。今後の選挙制度の議論のためにも，直近の判決内容をきちんとフォローしておきたい。

「地方行政」は常に注意

　地方自治は公務員試験の重要テーマ。時事でも**地方行政についての出題は常にありうる**。択一式はもちろん，論述や面接も念頭に置いて，完璧な準備をしておこう。

　ちなみに，行政の時事に財政学や経済政策の時事を加えた学際的出題もありうる。平成28年度の国家一般職［大卒］でもそうした出題が見られた。注意しておきたい。

 内閣誕生の影響は？

　2020年9月に菅政権が誕生すると，予想どおりデジタル関連の出題があった。出題したのは令和3年度の国家総合職で，デジタル庁を含む選択肢が正解だった。

　2021年10月の岸田政権誕生で，今後「新しい資本主義」や「経済安全保障」に関連する政策が出てくる。ニュースのフォローは不可欠だ。

　2021年10月には総選挙も行われた。これも時事の出題対象になりうるので，最低限，投票率や期日前投票の利用状況には目を向けておこう。

国政選挙と政治の動き

 ここに注目 生々しい政局の話は公務員試験向きではないが，近年の大きな流れは最低限の知識。国政選挙については両院の最近の選挙結果を確認しておこう！

● 政局動向

□ **安倍内閣**‥‥2012年12月，自公連立政権が復活。首相には自民党総裁の**安倍晋三**氏が就任した。アベノミクスと呼ばれる大胆な経済政策を推し進めた安倍内閣は，野党の混乱にも助けられ，高支持率を維持。2020年9月に菅内閣が発足するまで安倍内閣は約7年8か月続き，第1次安倍内閣（2006～2007年）を合わせると，**憲政史上の最長内閣**となった。

□ **菅内閣**‥‥2020年9月，体調不良のため退陣した安倍氏の後任の自民党総裁に**菅義偉**氏が就任し，菅内閣が誕生した。「国民のために働く内閣」を掲げ，コロナ対策のほか，規制改革や「**デジタル庁**」の**創設**などに取り組んだが，支持率の低迷で2021年9月に退陣を表明した。

□ **岸田内閣**‥‥2021年10月，自民党総裁選で勝利した**岸田文雄**氏が国会で首相に指名され，岸田内閣が誕生。経済政策では，新自由主義経済からの決別を掲げ，「**成長と分配の好循環**」に支えられた「**新しい資本主義**」の実現を図るとした。

□ **野党再編**‥‥2020年9月，立憲民主党，国民民主党の一部，野党系の無所属議員が結束。国会議員150人を擁する新しい立憲民主党が誕生した。

● 選挙動向

□ **2021年の衆院選**‥‥2021年10月の総選挙では与党が勝利。自民党は議席減ながらも単独過半数を維持した。野党では立憲民主党と共産党が議席減。一方，日本維新の会は大きく躍進した。**投票率は戦後3番目に低い55.93%**（前回比2.25％増）。**期日前投票の利用者は全有権者の約2割**にのぼった。

□ **2019年の参院選**‥‥2019年7月の参院選の焦点は，改憲を支持する政党の議席が，憲法改正の発議に必要な3分の2を超えるかどうか。これを阻もうと，野党では，立憲民主党，国民民主党，共産党，社会民主党などが1人区すべてで選挙協力を行った。

選挙結果は，与党が改選議席の過半数を獲得して勝利。ただし，自公2党に日本維新の会などを加えた**改憲支持派の議席数は3分の2に届かなかった**。なお，この参院選の投票率は，**過去2番目に低い48.8%**だった。

暗記お助け

必修・選挙制度改革

 ここに注目 国内政治の頻出テーマといえば，何はさておき「選挙制度」。選挙についての時事用語は，ここで一気に覚えてしまおう！

● 選挙制度

□ **18歳選挙権**‥‥2015年の改正公職選挙法で，**日本の選挙権年齢は「20歳以上」から「18歳以上」に引き下げ**。国政選挙では2016年の参院選から適用された（衆院選での初適用は2017年）。

□ **期日前投票**‥‥**投票日に所用がある人のための投票制度**。公示日・告示日の翌日から投票日前日までの間に指定の場所に出向いて投票する。所用の内容による制約がないことから，この制度を利用する有権者は増えている（2021年の衆院選では投票者の約19％，2019年の参院選では約16％）。

□ **共通投票所**‥‥指定された投票所とは別に，**同じ自治体の有権者ならば，だれでも利用できる投票所**。選挙区内の駅や商業施設など，利便性の高い場所に設置される。2016年の改正公職選挙法により導入された。

● 1票の格差

□ **衆院選の違憲状態判決**‥‥2011年，最高裁判所は2009年総選挙の1票の格差（2.30倍）について「**違憲状態**」と判決。制度が改正されないと，いずれ違憲になる状態だとした。その後，2012年と2014年にも違憲状態であるとの判決を繰り返した。

□ **衆院選の合憲判決**‥‥2018年，最高裁は定数削減後の2017年総選挙の1票の格差（1.98倍）について「**合憲**」と判決。

□ **参院選の違憲状態判決**‥‥2012年，最高裁は2010年の参院選の選挙区選挙の1票の格差（5.00倍）について「**違憲状態**」と判決。その後，2014年にも違憲状態であるとの判決を繰り返した。

□ **参院選の合憲判決**‥‥2016年の参院選の1票の格差は，「10増10減」導入により**3.08倍に縮小**。これについて最高裁は2017年に「**合憲**」と判決。数十年間にわたり5倍前後だった格差が縮小した点や，今後も抜本的な改革を続けるとした点を評価した。

2019年の参院選は合憲

2019年の参院選の1票の格差は3.002倍。これについて2020年11月の最高裁判決は，著しい不平等状態にないとして「合憲」と判決。そのうえで格差縮小に向けた努力を求めた。なお，15人の裁判官のうち3人は「違憲」，1人は「違憲状態」を主張した。

● 参議院の選挙制度改正

□合区‥‥従来の２つの選挙区を
合わせて１選挙区とすること。
2016年の参院選から「鳥取・島根」
「徳島・高知」を１選挙区にした。

□10増10減‥‥2016年の参院選
から導入された定数是正措置。参
院選は議員が半数ずつ改選される

CHAPTER

1

日本政治

4
5
6
7
8
9
10
11
12

衆議院（議員定数 465 名）
・小選挙区（289 選挙区を設置）　289 名
・比例代表（11 のブロックごと）　176 名
　→衆議院では「**拘束名簿式**」

参議院（議員定数 248 名）
・選挙区（各 1〜6 名）　　　　　148 名
・比例代表（全国が１つの選挙区）100 名
　→参議院では「**非拘束名簿式**」

ため，合区の実現による定数４減に加え，選挙区で定数を６減した。一方，
５選挙区で定数を２ずつ増加。これらを合わせ「10増10減」と呼ぶ。

□特定枠‥‥2018年の改正公職選挙法は参議院の議員定数を **6 増**（埼玉選挙
区で２増，比例代表で４増）。比例代表には，政党が優先的に当選させるこ
とができる「**特定枠**」を導入した。なお，特定枠候補者は，通常の候補者に
認められるポスター掲示や個人演説会などの選挙運動が禁止されている。
2019年の参院選から適用されている。

● 衆議院の選挙制度改正

□定数10減‥‥2016年の改正公職選挙法などにより，**衆議院の議員定数は10
削減**。**465名**になった。具体的には，小選挙区では６県（青森，岩手，三重，
奈良，熊本，鹿児島）で，比例代表では４ブロック（東北，北陸信越，近畿，
九州）で，１ずつ削減した。2017年の総選挙から実施された。

□アダムズ方式‥‥衆議院の議員定数は，2020年の国勢調査から10年ごとに都
道府県への議席配分を再検討。その際の計算方式が「アダムズ方式」だ。**議
員１人当たりの人口（全人口÷議員定数）を「基準値」とし，これで都道府
県の人口を割り，小数点以下を切り上げて，配分されるべき議員数を出す。**
議員数が定数を超える場合は「基準値」を上げながら再計算を繰り返し調整
する。切り上げにより各都道府県には最低でも１議席が配分される。

　下の表は，３つの県を持つ人口100万人の国で，定数10の議会の場合の例。
基準値＝10万人（＝100÷10）では11議席になってしまう。基準値を12万人
に上げれば10議席になる。

	人口	基準値＝10万人	基準値＝12万人
A 県	50万人	÷10＝5.0 ∴5議席	÷12＝4.2 ∴5議席
B 県	36万人	÷10＝3.6 ∴4議席	÷12＝3.0 ∴3議席
C 県	14万人	÷10＝1.4 ∴2議席	÷12＝1.2 ∴2議席
合計	100万人	11議席	10議席

暗記お助け

しっかり学ぶ地方自治

ここに注目 「地方創生」は安倍政権以来の看板政策。論述や面接も念頭に，近年の動きを見直しておこう！

● 地方創生

☐ **まち・ひと・しごと創生法**‥‥地方創生に関する基本法。地方の人口減少に歯止めをかけ，地方の創生を図るため，国と自治体に5年間の「総合戦略」の策定を求める（自治体は努力義務）。

☐ **まち・ひと・しごと創生総合戦略**‥‥5年ごとに策定される**地方創生政策に関する基本方針**。第2期戦略（2020～2024年度）は2019年12月に閣議決定。2014年からの第1期戦略の4つの基本目標（地方での雇用創出，地方への人の流れ，若い世代の結婚・出産・子育てについての希望の実現，時代に合った地域づくり）は踏襲。具体策では，若者を含む就業者を地方で100万人増やすことなどを明記した。第2期総合戦略はコロナ禍で国民の意識が変化したことを踏まえ，2020年12月に一部を改訂。「**地方創生テレワーク**」の推進などを盛り込み，「**オンライン関係人口**」といった新概念も打ち出した。

☐ **関係人口**‥‥**特定地域に継続的にかかわる人々を表す新語**。地方に移住した「定住人口」とも，地方に観光に来た「交流人口」とも異なり，いわば「交流以上，移住未満」の人たちである。具体的には，頻繁な訪問・ボランティアや寄附などで特定地域に親近感を持っている人が概当する。地方への移住がなかなか進まないなか，地域での「ひとの創生」に関する新しい考え方として提唱され，第2期「まち・ひと・しごと創生総合戦略」に盛り込まれた。

☐ **地域経済分析システム（RESAS）**‥‥地域経済に関するビッグデータを整理分析して提供するシステム。ホームページからだれでも利用できる。

☐ **企業版ふるさと納税**‥‥**企業が自治体の行う地域創生事業に寄附した場合，税額控除が受けられる制度**。2020年には「企業版ふるさと納税（人材派遣型）」が追加され，人件費相当額を寄附額に算定できるようになった。

コロナと人口移動

　地方創生の大きな課題の1つは東京圏への転入の抑制。3大都市圏では東京圏だけが2019年までほぼ一貫して転入超過を続けてきた（一方，大阪圏と名古屋圏は7年連続で転出超過）。

　東京圏への転入超過数の大半は10代後半から20代の若者。きっかけは進学や就職だ。

　ところが2020年はコロナの影響で人口移動が変化。東京都でも一時的に転出超過になった。一極集中の是正につながるか注目だ。

● まちづくり関連用語

□ **小さな拠点**‥‥複数の集落がある中山間地域で，**商店や診療所などの生活サービスを1か所に集め，住み慣れた生活圏を維持する取組み**。「拠点」と他の集落とはコミュニティバスなどで結ばれる。2015年の改正地域再生法で設置が促され，財政支援も行われている。すでに全国に1200を超える拠点が形成された。政府は2024年までに1800か所に設置することを目指している。

□ **生涯活躍のまち**‥‥**都市部の高齢者に地方への移住を促す制度**。2016年の改正地域再生法で制度化された。

□ **中枢中核都市**‥‥**地域経済の中核を担う都市**。2018年，東京一極集中を是正することを目的に，東京圏以外の82市が選定された。

　なお，政令指定都市と並ぶ日本の大都市制度である「中核市」（人口20万人以上の62市）とは別物である。

□ **連携中枢都市圏**‥‥**規模と中核性を備える中心都市と，その都市と社会的・経済的に一体性を持つ近隣市町村とが形成する都市圏**。圏域単位で人口維持を図り，地域の社会経済の活力を保つことがねらい。広域連携を容易にするための「連携協約」を利用して設置する。

● ひとづくり関連用語

□ **プロフェッショナル人材戦略拠点**‥‥**大都市で働く人材と地方企業の橋渡しをする拠点**。各道府県に設置。人材戦略を通じ，地方企業の「攻めの経営」を促す。

□ **地域おこし協力隊**‥‥**都市地域から過疎地域に生活拠点を移し，1〜3年間，「地域協力活動」を行う**。総務省は隊員数の増加目標を掲げ，強化を図っている。2021年度からは「地域おこし協力隊インターン」もスタートした。

□ **地域活性化起業人**‥‥**企業の専門人材を地域に派遣する制度**。地域おこし企業人制度を刷新し，2021年度に創設。三大都市圏の企業等の社員を，在籍のまま地方に派遣し，地域活性化の課題解決に従事してもらう。

□ **地方大学振興法**‥‥2018年に成立。**地方で暮らす若者の修学や就業を後押しする**。「キラリと光る地方大学づくり」をスローガンに，積極的に取り組む自治体には交付金が支給される。

デジタル田園都市

　デジタル田園都市国家構想は，岸田内閣の重点施策の1つ。デジタル化による地方活性化で地域の課題を解決し，地方と都市の差を縮めるという国家構想だ。

　2021年12月には「施策の全体像」を発表。デジタルインフラでは高速・大容量の「5G」や日本一周の海底ケーブルを整備する。地方のデジタル人材は2026年度までに230万人確保する，などとした。

日本の外交・安全保障

 ここに注目 日本の外交指針と重要国際会議をまとめて学習。最新ニュースの理解に向け，安全保障政策の基礎知識もチェック！

● 日本の外交

□ **自由で開かれたインド太平洋**‥‥2016年からの**日本の外交指針**。関係国と連携し，インド太平洋地域において，法の支配に基づく，自由で開かれた秩序の実現・強化を図る。アメリカ，オーストラリア，インド，ASEAN，欧州主要国などが共有を表明している。

□ **クアッド**‥‥**日米豪印4か国連携**。4か国は自由経済や民主政治といった基本的価値を共有し，対中政策などでの協調を図る。2021年9月にはアメリカで対面による初の首脳会合も開かれた。2022年は日本で開催予定。

□ **G7サミット**‥‥**主要7か国（日，米，英，独，仏，伊，加）とEUの首脳会議**。自由，民主，法の支配などの価値を共有する主要先進国の首脳が，国際政治や国際経済などでの政策協調を図る。2021年はイギリスで開催。途上国へのインフラ支援構想を打ち出すなど，中国に対抗する姿勢を示した。

□ **G20サミット**‥‥**G7に中国，ロシアなどの主要新興国を加えた20か国・地域の首脳会議**。国際経済問題に絞って意見交換が行われる。2019年は大阪，2021年はイタリアで開催された。

● 日本の開発支援

□ **開発協力大綱**‥‥**日本の開発協力政策の基本方針**を規定。経済援助に加え，平和構築やガバナンス，基本的人権の推進，人道支援なども「開発」に含め，幅広い支援を行うとしている。

□ **人間の安全保障**‥‥開発協力大綱が重視する考え方。戦争だけでなく，貧困や絶望からも免れ，個人が尊厳を持って生きられる社会の構築を目指す。

□ **TICAD（ティカッド；アフリカ開発会議）**‥‥日本が主導して開催されている**アフリカ支援のための首脳会議**。2019年に横浜で開かれた第7回会議には，アフリカ各国のリーダー42名が参加した。第8回会議は2022年にチュニジアで開催予定。

□ **太平洋・島サミット**‥‥3年に1度，日本が開催している国際会議。太平洋地域の19の国・地域の首脳が参加する。2021年の会議はオンラインで開催され，経済協力や気候変動対策支援などを協議した。

● 日本の領土

□ **尖閣諸島**‥‥沖縄県の尖閣諸島（せんかく）が日本の領土であることは明白で、ゆえに「領土問題など存在しない」というのが日本の立場。だが、中国は勝手にこの島々の領有権を主張し、日本の主権を無視して領海侵犯を繰り返している。

□ **北方領土**‥‥北海道の国後島（くなしり）、択捉島（えとろふ）、歯舞群島（はぼまい）、色丹島（しこたん）の総称。第二次世界大戦の際、旧ソ連に占領されたまま返還されていない日本の領土。日露両国は2017年以降、北方領土での「共同経済活動」を進めるとしている。

□ **竹島**‥‥島根県の竹島を韓国は「独島」と呼び、警備隊員を常駐させて長年にわたり実効支配。日本は「不法占拠」であるとして抗議し続けている。

□ **有人国境離島法**‥‥2017年施行。国境近くにあって、人が住んでいる離島の支援を強化することが目的。8都道県の71の島に対し、アドバイザーを派遣するなどして、無人化しないよう地域社会の維持を図る。

● 日本の安全保障

□ **集団的自衛権**‥‥他国が武力攻撃を受けた場合に、**自国が攻撃を受けていなくても共同で防衛を行う権利**。2014年、安倍内閣は集団的自衛権の発動は憲法上も容認されるとして、従来の憲法解釈（集団的自衛権は持っているが行使は許されない）を修正し、閣議決定した。

□ **存立危機事態**‥‥**日本と密接な関係にある他国への武力攻撃が発生し、日本の存立が脅かされ、国民の権利が根底から覆される明白な危険がある事態**。集団的自衛権の行使が可能となり、自衛隊の武力行使も認められる。

□ **重要影響事態**‥‥**日本の平和や安全に重要な影響を与える事態**。自衛隊の武力行使は認められないが、他国軍に対する補給、輸送、医療などの後方支援が可能となる。ただし「現に戦闘が行われている現場」では実施しない。

□ **国際平和協力法**‥‥**PKO（国連平和維持活動）や人道的な国際救援活動への協力手続きを定めた法**。2015年の改正では、住民を守る治安維持活動への参加や、PKOに従事する他国軍部隊や非政府組織の職員などを救援する「駆け付け警護」が認められた。

□ **防衛大綱**‥‥**防衛力のあるべき姿や具体的な整備目標**などを示す。2018年の改定では陸海空の枠にとらわれない「多次元統合防衛力」を強調。また、**宇宙・サイバー・電磁波領域での脅威への対応を重視**した。

新ガイドライン

日本とアメリカとの「防衛協力のための指針」のこと。2015年、日米の防衛協力をさらに緊密なものにするため、18年ぶりに改定された。日米両国は新たに「同盟調整メカニズム」を設置。そのほか、日本の島嶼（とうしょ）部が武力攻撃を受けた場合の協力や、サイバー空間での脅威に対する協力なども盛り込んでいる。

 **日本政治の基礎問題**

No. 1 新型インフルエンザ等対策特別措置法に基づき，政府が「緊急事態」を宣言した場合の措置に関する次の記述のうち，妥当なのはどれか。

1　政府は地域を定めて，国会の了承のもと，封鎖を命じることができる。

2　政府は国民に対して外出停止を命じ，違反者に罰則を科すことができる。

3　都道府県知事は必要な物資の売り渡しなどを業者に要請できる。

4　都道府県知事は，対象地区の飲食店などに対する時短要請はできるが，休業要請はできない。

5　政府は，指定した国・地域からの外国人の入国を拒否できる。

No. 2 近年の内閣に関する次の記述のうち，妥当なのはどれか。

1　安倍晋三首相の在任期間は，2006年からの約1年間と2012年から2020年までの合計で8年8か月ほどになり，憲政史上の最長を記録した。

2　安倍内閣は2015年に平和安全法制を強行採決し，2016年の参院選に敗北した。与党は議席の過半数を失い，参議院の第1党は民主党になった。

3　2020年に誕生した菅義偉首相は，成長重視で財政出動を続けたアベノミクスを批判し，財政再建を優先させて政治の信頼を取り戻すと主張した。

4　菅内閣は行政のデジタル化を推し進め，2021年9月には文部科学省の下部機関として「デジタル庁」を発足させた。

5　2021年に発足した岸田内閣は，グローバル競争に勝ち抜くために，規制改革を重視する「新しい資本主義」を掲げた。

No. 3 近年の日本の選挙と政党に関する次の記述のうち，妥当なのはどれか。

1　憲法改正が争点の1つになった2019年の参院選では，改憲支持派の議席数が初めて3分の2を上回った。

2　2019年の参院選の投票率は24年ぶりに50％を上回った。

3　2021年の総選挙では，立憲民主党と共産党との野党共闘が奏功し，両党ともに議席を大きく伸ばした。

4　近年の国政選挙では期日前投票の利用者が増えており，全有権者に占める利用者の割合は2021年の総選挙では約2割にのぼった。

5　2021年の改正国民投票法には，国民投票の際のCMの利用禁止が盛り込まれた。

問題演習 正答と解説

No. 1　　　　　　　　　　　　　　　　　　　　　▷正答　3

1　封鎖（ロックダウン）のような強制措置は，日本では許されていない。
2　政府は外出を控えるように要請するだけで，外出停止を命令し罰則を科すことはできない。
3　**正解！**　医薬品など必要な物資を調達できる。
4　休業要請もできる。時短要請はできても休業要請ができないのは「まん延防止等重点措置」の場合である。
5　この場合の根拠法は「出入国管理及び難民認定法」であり，緊急事態宣言に基づく措置ではない。

No. 2　　　　　　　　　　　　　　　　　　　　　▷正答　1

1　**正解！**　2019年8月には佐藤栄作首相を，2019年11月には桂太郎首相を抜いて，憲政史上最長となった。
2　この参院選で自民党は議席を伸ばし，第1党の地位を維持した。公明党と合わせた与党の議席は過半数を超えた。
3　安倍内閣で内閣官房長官を務めた菅首相は，就任にあたりアベノミクスの継承を表明した。また，コロナ対策で財政支援を積極的に行ったため，財政再建を優先したともいえない。
4　デジタル庁は内閣直属の新官庁として発足し，他の省庁に是正を勧告できる強い権限が認められた。
5　「新しい資本主義」を掲げる岸田首相は，新自由主義を批判し，自由競争や規制改革よりも分配重視の経済政策を導入するとしている。

No. 3　　　　　　　　　　　　　　　　　　　　　▷正答　4

1　与党（自民・公明）に日本維新の会などを加えた「改憲支持派」の議席数は3分の2を下回った。
2　投票率は過去2番目に低い48.8％で，24年ぶりに50％を下回った。
3　野党の選挙協力は5党で実施されたが，中心となった立憲民主党と共産党はともに議席を減らした。
4　**正解！**　2021年の総選挙で期日前投票を利用した人の割合は全有権者の19.49％だった。
5　CMの利用禁止については施行後3年をめどに再検討することが附則に盛り込まれた。

No. 4　地方創生に関する次の記述のうち，妥当なのはどれか。

1　「第２期まち・ひと・しごと創生総合戦略」は，第１期の基本目標を補完する形で，新たに地域における「ビジネスの活性化」や「外国人人口の増加」を基本目標に据えた。

2　「第２期まち・ひと・しごと創生総合戦略」が重視する「関係人口」とは，移住はしないものの，たんなる観光での訪問以上に，特定地域に継続的にかかわる人々のことである。

3　第２期総合戦略は2020年に改訂され，政府は「地方創生テレワーク」の推進に向けて，地方移住のために転職する個人を支援する特別交付金を自治体に支給することになった。

4　2018年，政府は大都市間のグローバル競争の激化に対応するため，全国20の大都市を「中枢中核都市」に選定し，交通網の整備などでの支援を強化するとした。

5　2018年，「キラリと光る地方大学づくり」をスローガンとする「地方大学振興法」が成立した。同法は交付金を活用した地方大学入学者への授業料免除制度を創設した。

No. 5　１票の格差と選挙制度に関する次の記述のうち，妥当なのはどれか。

1　2018年，最高裁は2017年の衆院選の１票の格差（1.98倍）について，今後「１人別枠方式」が導入されることで格差が縮小することなども見据え，「合憲状態」との判決を下した。

2　2020年，最高裁は2019年の参院選の１票の格差（3.00倍）について，依然として３倍もの格差があるのは容認できないとして，「違憲状態」にあるとの判決を下した。

3　2018年，参院選の「非拘束名簿式の比例代表」に「特定枠」制度が導入された。「特定枠」で立候補する候補者は，選挙区に関係なく選挙事務所を設置し，ポスターを掲示できる。

4　2018年の参議院の議員定数是正では，小党分立を回避するとの観点から比例代表の定数が削減されるとともに，選挙区の一部の定数が増やされ，全体としては総定数の「６減」が実現した。

5　衆院選の定数是正については，2020年の国勢調査をもとに都道府県への議席の再配分を行うこととなったが，アダムズ方式を用いるため，すべての都道府県に最低１議席が割り当てられる。

正答と解説

No. 4

▷正答　2

1　総合戦略の基本目標は，第1期においても第2期においても，地方での雇用創出，地方への人の流れ，地方での結婚・子育て，地域づくり，に関する4つである。そもそも普通は「外国人人口の増加」を国の戦略目標には掲げないだろう。

2　**正解！**　頻繁な訪問やボランティア活動，二地域居住，地域への寄附などを行う人がイメージされている。

3　「地方創生テレワーク」は，都会の職場を辞めずに地方で暮らしながらオンラインで働くような「転職なき移住」を意味する。交付金はそのためのサテライトオフィスの整備等に対して支給される。

4　政府は，将来的に「地域の拠点」としての役割を担う「中枢中核都市」に東京圏以外の82の市を選定した。「全国20の大都市」では政令指定都市と同じになってしまう。

5　同法は関係自治体に交付金を付与することにより地方で暮らす若者の修学や就業を支援する。大学授業料についての直接的な免除制度を創設したわけではない。

No. 5

▷正答　5

1　各都道府県にまず1議席を割り当てる「1人別枠方式」は，2011年の最高裁判決で1票の格差の原因とされたことから，2012年に関連規定が廃止された。また，2018年の判決は「合憲」である。「合憲状態」という言い方はない。

2　当時の1票の格差について「著しい不平等状態にない」とし，また「国会が格差是正を目指す姿勢を失ったとは言えない」として，「合憲」判決を下した。

3　政党の判断で選ばれる「特定枠」の候補者は，選挙運動なしで優先的に当選できる。そのため，選挙事務所の設置やポスター掲示のような選挙運動が認められていない。

4　2018年に実現したのは参議院の議員定数の「6増」である。その内訳は2議席が選挙区（埼玉），4議席が比例代表である。議席の削減はなかった。

5　**正解！**　アダムズ方式では，議員1人当たりの人口を「基準値」と定め，これで都道府県の人口を割り，配分する議員数を出す。ただし，小数点以下を切り上げるため，どの都道府県も必ず1議席以上となる。

問題演習 日本政治の予想問題2

No. 6　日本の外交に関する次の記述のうち，妥当なのはどれか。

1　日本外交の指針である「自由で開かれたインド太平洋」は，対象地域を日本から東南アジア経由で南アジア東部までと定め，日本はこの地域の国々との経済協力を図るとした。

2　日本の「自由で開かれたインド太平洋」は国際社会で幅広い支持を得ており，アメリカ，オーストラリア，インドのほか，カナダやドイツなどもこの構想の実現に向けた協力を約束している。

3　バイデン政権誕生後も日米関係は円滑に推移しているが，菅首相訪米時の日米首脳会談では，中国への配慮から台湾問題に触れたくない日本と対中国で強硬なアメリカとの間で意見の隔たりが見られた。

4　日本とインドは2014年から「特別戦略的グローバル・パートナーシップ」の関係にある。しかし，中印関係を重視するインドは，日印2国だけでの防衛協議には応じていない。

5　日韓関係は，2019年に「徴用工問題」と「慰安婦問題」についての財団設立が決まったのを受けて一気に改善に向かい，2020年には両国首脳の相互訪問が実現した。

No. 7　日本の開発協力に関する次の記述のうち，妥当なのはどれか。

1　政府によって実施されるODAは国家の政治的思惑を反映しやすい。そのため国連は加盟国に対し，拠出の大半を国際機関にゆだね，そこから援助が必要な国に配分する方式をとるよう要請している。

2　2015年に閣議決定された「開発協力大綱」では，経済的な「開発援助」だけでなく，平和構築やガバナンス，基本的人権の推進，人道支援なども含め，日本は幅広く「開発協力」を行うとしている。

3　2019年の日本のODA（贈与相当額計上方式）は約156億ドルで，総額においても，「ODAの対国民総所得比」においても，アメリカ，ドイツ，イギリスに次ぐ世界第4位だった。

4　中国がODAを利用してインフラ支援を中心に「質の高い成長の実現に向けた協力」を進めているのに対し，日本はSDGsの観点からインフラ支援を抑制し，基礎的な保健サービスを提供するユニバーサル・ヘルス・カバレッジ（UHC）の普及に絞って，ODAによる開発協力を行っている。

5　アフリカ開発会議（TICAD）は，主要先進国が持ち回りで開催しているアフリカ支援のための首脳会議である。2019年の第7回会議は横浜で開催され，日米欧の首脳がアフリカの人材育成への協力を約束した。

No. 6 ▷正答　2

1　「インド太平洋」はインド洋と太平洋でつながっている一帯をさす。日本政府はアジアだけでなく，インド洋の西のアフリカ東部までを含めて「成長と繁栄の大動脈」にしたいとしている。

2　**正解！**　日本は米豪印のほかEU主要国やASEANとも「自由で開かれたインド太平洋」に基づく政策協調を積極的に進めている。

3　菅首相とバイデン大統領は，2021年4月の日米首脳会談で共同声明「新たな時代における日米グローバル・パートナーシップ」を発表。「台湾海峡の平和と安定の重要性を強調するとともに，両岸問題の平和的解決を促す」と明記し，台湾海峡の重要性について認識を共有した。

4　2019年には初の日印外務・防衛閣僚会合が開催された。日本とインドは「自由で開かれたインド太平洋」の実現に向け，緊密な協力関係にある。

5　日韓関係は，2018年からの「徴用工問題」や2019年に手続きが取られた慰安婦に関する「和解・癒やし財団」の解散などを受け，厳しく対立する状況が続いている。この間，首脳の相互訪問はなかった。

No. 7 ▷正答　2

1　ODAは各国の外交戦略にかかわるものであり，国連は記述のような要請はしていない。なお，日本の場合，国際機関などを経由する多国間ODAは約24％で，約76％は二国間ODAとして対象国に直接支出されている。

2　**正解！**　さらに，政府が主導するODAや技術協力だけでなく，民間企業などが途上国の経済開発に積極的にかかわることも重要だとしている。

3　日本のODAは金額では世界第4位だったが，「ODAの対国民総所得比」では，OECD（経済協力開発機構）の開発援助委員会（DAC）の順位において，29か国中の13位だった。

4　インフラ支援が強みの日本は，ODAの実施について「質の高い成長の実現に向けた協力」を掲げている。また，ユニバーサル・ヘルス・カバレッジ（UHC）の推進も重視している。

5　アフリカ開発会議（TICAD）は，主要先進国が持ち回りで開催しているわけではなく，日本主導で日本かアフリカで開かれている。欧米諸国の首脳が参加する会議ではない。2019年の会議にはアフリカから42名の首脳が来日した。

● 過去問研究

最頻出は「各国情勢」

　国際政治の時事が出題されるのは，基礎能力・教養試験の時事，政治，社会，それに専門試験の政治学や国際関係だ。明らかに国際政治は，時事の中心テーマの１つであるといってよい。

　国際政治の時事問題では，**国名を選択肢に含む「各国情勢」についての出題**が目立つ。多くはアジアやヨーロッパなど地域を限定して５つの選択肢を組む問題で，平成29年度の国家総合職，30年度の国家一般職［大卒］，令和２年度の東京都［Ｉ類Ｂ］などで出題例が見られる。ほかに，最近話題となった国について地域を限定せずに羅列するパターンもあって，たとえば２年度の国家専門職［大卒］は，５つの選択肢を中東，香港，英国，米国，ブラジルで組んだ。

　出題が多いのは欧米主要国の政治情勢。特に国政選挙や政権交代があった国は要注意だ。2018年のアメリカ中間選挙は翌々年の国家専門職［大卒］の時事にも登場した。2020年の大統領選挙はまだ出題圏内と見てよい。

　そのほか，**紛争を抱えている国や地域**も取り上げられやすい。令和３年度の国家総合職の時事の出題は「近年の世界の宗教等」を取り上げた総合問題だったが，パレスチナについての選択肢が正解だった。紛争については中近東の出題頻度が高いが，地域は絞り込まないほうがよい。

「地域機構」は得点源

　国際政治の時事で**各国事情と並んで出題が多いのは「地域機構」**。最頻出はやはりEUだ。EUの時事情勢は専門科目の国際関係でも出題されうる。何を差し置いても勉強すべきだろう。2020年のイギリスのEU離脱は当然要注意。出題を前提に対策を立てておこう。

　EU以外の地域機構ではアジア関連に注意。**ASEANやAPECの動向**なども押さえておきたい。

> ### 今年の注目はこれ！
>
> 　今年の注目は，アメリカ主導の中国包囲網の構築。バイデン政権の外交姿勢（「民主主義と専制主義の闘い」），初の日米豪印首脳会合，AUKUS発足，G7サミットでの中国を意識した政策協調など，出題ネタは豊富。日本にとっての重要性から見ても，出ないはずはない。
>
> 　そのほか，ミャンマー情勢やドイツの政治情勢にも注意が必要。アフガニスタン情勢は，事態が流動的すぎて，出題は概略だけだろう。

核軍縮・核軍拡用語

 ここに注目 核軍縮は日本国民の願い。平和国家の公務員を目指す以上，知っていて当然の知識だ！

● 核軍縮

☐ **NPT**‥‥**核不拡散条約**。核兵器が世界に広まらないようにするための条約。1968年調印（1970年発効）。ほとんどすべての国連加盟国が批准している。

☐ **IAEA**‥‥**国際原子力機関**。原子力問題を担当する国連関連機関で，加盟国の原子力施設に対し，安全性や悪用の有無などを調査する「査察」を行う。

☐ **核兵器禁止条約**‥‥核兵器（あるいはその他の核爆発装置）の**開発，実験，製造，生産，獲得，保有，貯蔵のすべてを禁止する条約**。2017年に国連で採択された。122か国が賛成したが，核保有国や日本などは「核抑止」の政策的重要性を理由に参加していない。2021年1月に発効。

☐ **核兵器廃絶国際キャンペーン（ICAN）**‥‥軍縮NGOの世界連合。核兵器禁止条約の採択に大きく貢献したとして**2017年のノーベル平和賞**を受けた。

● 核軍拡

☐ **北朝鮮の核実験**‥‥北朝鮮は2006年から2017年まで**6回の核実験**を強行。最近の2回の核実験ではミサイル搭載可能な小型核弾頭の開発や，原爆よりも威力のある水爆の開発に成功したと発表した。

☐ **イランの核開発**‥‥2015年7月，**イランと米英仏露中独の6か国は「包括的共同行動計画」に合意**。イランは今後15年間，兵器に使える高濃縮ウランを製造しないことや，すでにある低濃縮ウランも保有量を一定以下に保つことを約束した。

2018年，アメリカのトランプ政権は，有効性に疑問があるとして，この「核合意」から離脱。独自に制裁を始めた。一方，イランは核開発に必要なウラン濃縮を再開した。2021年6月のイラン大統領選挙で保守強硬派のライシ氏が当選したことで，核合意の再建に向けた交渉は困難になっている。

 国連の北朝鮮制裁決議

北朝鮮の核実験に対し，国連は2006年以降たびたび憲章第7章第41条に基づく経済制裁を実施。武器貿易の禁止や金融制裁などを行ってきた。2016年からは北朝鮮の外貨獲得を阻止する規制を重視。加盟国に北朝鮮産の鉱物資源や繊維製品を輸入しないよう求めた。さらに2017年の追加制裁では，海外の北朝鮮労働者を2年以内に送還することなどを定めた。

各国情勢

 国際政治では各国情勢も頻繁に出題されている。主要国の政治情勢については，出題を前提に学習しておこう！

● アメリカ情勢

□**2020年選挙**‥‥大統領選挙では，2020年11月の「一般投票」で，オバマ政権で副大統領を務めた**民主党のバイデン氏が**，現職大統領で共和党のトランプ氏よりも多くの「選挙人」を獲得して勝利。2021年1月に大統領に就任した。副大統領には黒人女性のハリス氏が就任した。

　一方，連邦議会選挙では**民主党が下院の多数を獲得**。上院では100議席を民主党と共和党が50議席ずつ分け合う結果となったが，上院議長は副大統領が兼務することから，実質的には民主党が多数を制した。

□**バイデン外交**‥‥バイデン大統領は，世界情勢について「**民主主義と専制主義（権威主義）の闘い**」になるという認識を表明。中国やロシアに対する警戒感を示した。2021年9月には米英豪3か国による新たな安全保障の枠組み（**AUKUS**）を発足。同月には，対面では初となる日米豪印4か国（**クアッド**）の首脳会合を開催した。

● ヨーロッパ情勢

□**イギリス**‥‥2019年7月，EU離脱をめぐる保守党内の対立で首相が交代し，ジョンソン氏が就任。同年12月，EU離脱が争点となった庶民院の選挙では，ジョンソン首相率いる与党**保守党が過半数を大きく上回る議席を獲得して大勝**し，野党第1党の労働党は戦後最低議席数にまで落ち込んだ。この結果を受けて，2020年1月末，イギリスはEUを離脱した。

□**フランス**‥‥2017年の大統領選挙では中道改革派の**マクロン氏が勝利**。国民議会選挙でも，自らが率いる**新党「共和国前進！」が単独過半数**を得た。

□**ドイツ**‥‥2021年9月の総選挙では，社会民主党が16年ぶりに第1党となり，メルケル首相を支えてきたキリスト教民主・社会同盟は第2党に転落した。第3党は緑の党，第4党は自由民主となり，前回の選挙で躍進した極右政党「ドイツのための選択肢」は議席を減らした。

　連立協議の結果，2021年12月に**社会民主党，緑の党，自由民主党の3党連立政権が発足**。社会民主党のショルツ氏が首相に就任した。ショルツ首相は，外相・内相など閣僚の半数に女性を起用した。

- □ **イタリア**‥‥2018年の総選挙ではポピュリズム（大衆迎合主義）的主張で知られる「**五つ星運動**」が第1党に躍進。新たな連立政権がスタートしたが，内部対立などで連立の組み直しが続いた。2021年2月に大連立政権が発足。欧州中央銀行前総裁のドラギ氏を首相とする実務型の内閣が誕生した。
- □ **ロシア**‥‥2018年の大統領選挙では，現職の**プーチン大統領**が**過去最高の得票率で再選**。2020年には，大統領の任期や政治機構の役割を変更する憲法改正案が国民投票で可決された。2021年のロシア下院選挙では，プーチン大統領の与党「**統一ロシア**」が第1党となった。
- □ **ベラルーシ**‥‥2020年の大統領選挙で，現職の**ルカシェンコ大統領**が**再選**。選挙後しばらく独裁的支配に反発する市民のデモが続いた。

● アジア情勢

- □ **中国**‥‥2018年の憲法改正で**国家主席の任期規定は撤廃**。習近平氏は権力基盤を盤石にした。近年は**国家戦略「一帯一路」**に力を入れている。

  2020年，中国は**香港国家安全維持法**を制定。重大犯罪については中国にも管轄権を付与するとした。香港の「一国二制度」の崩壊が懸念され，欧米諸国からの批判や市民のデモが続いた。
- □ **台湾**‥‥2020年の台湾総統選挙では，中国との統一に反対する**現職の蔡英文総統（民主進歩党）**が再選された。
- □ **韓国**‥‥2017年の大統領選挙で革新系の「**共に民主党**」の**文在寅**氏が当選。2020年の総選挙では「共に民主党」などの与党が圧勝。
- □ **ミャンマー**‥‥2015年の総選挙では，アウン・サン・スー・チー氏が率いる**国民民主連盟（NLD）が圧勝**。2020年11月の総選挙でもNLDは軍部系政党を大きく上回る議席を獲得し，圧勝した。しかし，2021年2月，**ミャンマー国軍はクーデター**によって**武力で全権を掌握**。民主政権幹部を拘束し，総選挙の無効を宣言した。

  なお，ミャンマーでは2017年に少数派イスラム教徒である**ロヒンギャの難民問題**が発生。国際社会から批判を浴びている。
- □ **インド**‥‥2019年のインド総選挙では，モディ首相が率いる**インド人民党が圧勝**。モディ首相の続投が決まった。

ウイグル人権問題

　2021年，中国に暮らす少数民族のウイグル族（トルコ系イスラム教徒）が，拷問や虐待を受けたり，強制労働させられたりしていることが発覚。中国政府はテロリストの再教育施設だと説明したが，国連や欧米諸国は国家的な人権抑圧事件として厳しく非難した。アメリカは新疆ウイグル自治区の特産品である「新疆綿」の輸入を禁止。H&Mなどのブランドも「新疆綿」を使用しないことを発表した。中国国内ではこれに対抗して，新疆綿不使用のブランドに対する不買運動などが起きた。

暗記お助け

中近東情勢は地図で整理

ここに注目 紛争が続く中近東。ここでは地図で国の位置を確認しながら，紛争の特徴を整理しよう！

□**パレスチナ**‥‥イスラエル領内のパレスチナ自治区は**ガザ地区**と**ヨルダン川西岸地区**の２か所で構成。独立を前提に自治政府の統治が認められているが，イスラエルとの対立は今も続いている。しかも，２地区は政治的分裂状態にあり，ガザ地区は原理主義組織「ハマス」が実効支配している。

□**シリア**‥‥アサド大統領の個人支配が続くシリアでは，2011年以降，米英などが支援する反政府勢力とロシアの支援を受ける政府軍との衝突が続いてきた。2018年にはア

サド政権側が国土の大半を掌握したが，北部においてシリア対トルコの紛争が発生。ロシアが仲介して，2020年３月に停戦合意が成立した。

□**イエメン**‥‥2015年，**イスラム教シーア派の武装組織「フーシ」が北西部を支配**。スンニ派の政府（ハディ暫定大統領派）などとの間で内戦状態になっている。サウジアラビアなどが政府側に立って軍事介入。フーシはイランの支援を受けている。

□**イスラエルとの国交正常化**‥‥2020年８月から12月にかけて，イスラエルは

対立してきたアラブ諸国のうち，アラブ首長国連邦（UAE），バーレーン，スーダン，モロッコと国交正常化で合意。

□**タリバン政権**‥‥2021年，アフガニスタン駐留米軍が撤退。これを受けて，**イスラム原理主義組織「タリバン」**が勢力を拡大し，全土を制圧。新政権を樹立させた。

暗記お助け

必修・EU 用語

ここに注目 国際関係において，なんといっても注意すべきはEU（欧州連合）の動向。
ここではEU関連の基礎用語と時事用語をまとめてチェック！

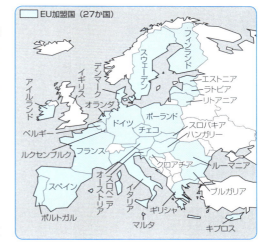

□ **EU加盟国**‥‥2021年末現在，**27か国**。西欧15か国の地域機構だったが，2004年に東欧・地中海の10か国が，2007年にルーマニア，ブルガリアが加盟。さらに2013年にはクロアチアが加盟した。

□ **ユーロ**‥‥EUの**共通通貨**。ただし導入しているのは全加盟国中19か国。旧加盟国でもデンマークとスウェーデンはユーロ参加を見送っている。なお，通貨としてユーロを使用している地域は「ユーロ圏」と呼ばれている。

図中: EU加盟国（27か国）／アイスランド／スウェーデン／フィンランド／デンマーク／イギリス／アイルランド／オランダ／ベルギー／ルクセンブルク／フランス／ドイツ／ポーランド／チェコ／スロバキア／ハンガリー／エストニア／ラトビア／リトアニア／クロアチア／ルーマニア／ブルガリア／スペイン／スロベニア／オーストリア／イタリア／ギリシャ／ポルトガル／マルタ／キプロス

□ **リスボン条約（改革条約）**‥‥**EUの基本条約**。2007年の首脳会議で調印され，加盟各国の批准を経て2009年に発効した。政治統合路線を堅持しながらも，統合に慎重な国に対する配慮を盛り込んだのが特徴。

□ **EU大統領**‥‥リスボン条約は**欧州理事会に任期2年半の常任議長職を創設**。事実上のEU大統領にするとした（2019年12月からはベルギー前首相のミシェル氏が就任）。また，外務大臣に当たる外務・安全保障政策上級代表職も創設。外務省に当たる「欧州対外行動庁」も設置した。

□ **二重多数決**‥‥リスボン条約により導入された**EU理事会の意思決定方式**。原則として議案の可決には「55％以上の加盟国の賛成」と「賛成国の人口の合計がEU人口の65％以上を占める」の2つの条件を満たすことと定めた。

□ **イギリスのEU離脱（ブレグジット）**‥‥2016年，**イギリスは国民投票でEUからの離脱を決定**。2018年にはEU首脳会議でイギリスのEU離脱協定が承認された。イギリスは2020年1月末にEUを離脱。移行期間終了直前の2020年12月にEUと新自由貿易協定を締結した。

暗記お助け
地域機構一覧

地域機構は，国際政治ではもちろん，地域経済統合を扱う世界経済でも頻出。アジアの地域機構を中心に，略称，加盟国，連携の特徴など，最低限の知識をしっかり頭に入れるのが重要！

● アジアの地域機構

□**ASEAN（アセアン；東南アジア諸国連合）**・・・・**加盟国は東南アジア10か国。**1967年発足。40周年に当たる2007年に「ASEAN憲章」を策定し，2008年に法的根拠を持つ多国間組織に移行した。2012年の首脳会議では「人権宣言」も採択。経済面での統合ではAFTA（ASEAN自由貿易圏）を設定し，域内関税の引き下げを実施した。2015年末には「**ASEAN共同体**」として，経済共同体（AEC），政治・安全保障共同体，社会・文化共同体の３つの共同体を創設した。

□**ASEAN＋3**・・・・**ASEANに日中韓３国を加えた会議。**1997年以降，首脳会議も開催されている。

□**EAS（東アジア首脳会議）**・・・・2005年から開催されている**東アジア地域諸国の首脳会議。**参加国は当初16か国（ASEAN10か国，日，中，韓，豪，NZ，印）だったが，2011年の会議からは米露も加わって18か国になった。

□**ASEM（アセム；アジア欧州会合）**・・・・**アジアとヨーロッパの51か国と２つの国際機関（EUとASEAN）が参加。**２年に１度，首脳会議が開催されている。

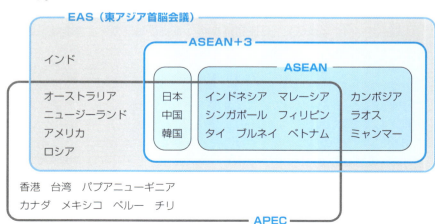

□**APEC（エイペック；アジア太平洋経済協力会議）**‥‥「**開かれた地域協力**」を掲げるアジア・太平洋地域の経済協力機構。加盟国は太平洋をぐるりと囲む21の国と地域（「地域」がつくのは台湾と香港が参加しているため）。なお，APECは，2006年の首脳会議でAPEC域内の自由貿易圏（**FTAAP＝アジア太平洋自由貿易圏**）の研究開始を宣言した。

□**SCO（上海協力機構）**‥‥**中央アジア地域の安定を図る地域機構**。2001年発足。加盟国は中国，ロシア，カザフスタン，キルギス，タジキスタン，ウズベキスタン。経済や文化での協力に加え，テロ組織や分離独立運動への対処など政治的・軍事的な協力も重視している。2017年に**インド，パキスタン**が加盟。2021年にはイランの正式加盟が決定した。さらに周辺のユーラシア大陸諸国をオブザーバーやパートナーに加え，影響力強化を図っている。

□**SAARC（サーク；南アジア地域協力連合）**‥‥**南アジアの地域機構**。1985年発足。加盟国はインド，パキスタン，バングラデシュ，スリランカ，ネパールなど8か国。日本もオブザーバーとして参加している。

● アジア以外の地域機構

□**USMCA**‥‥**米国・メキシコ・カナダ協定**。北米3か国は1994年に発効したNAFTA（北米自由貿易協定）に基づいて貿易自由化を進めてきたが，アメリカのトランプ政権の求めに応じて再交渉が行われ，2020年7月，原産地規制の強化などを盛り込んだ新協定が発効した。

□**メルコスール（南米南部共同市場）**‥‥**南米諸国の地域経済統合機構**。1991年発足。加盟国はブラジル，アルゼンチン，パラグアイ，ウルグアイなど。ほかに，チリ，コロンビア，ペルーなどが準加盟国。域内関税の原則撤廃と対外共通関税の設定（＝関税同盟）をすでに達成（準加盟国は域内関税撤廃のみ参加）。

□**太平洋同盟**‥‥**メキシコ，コロンビア，ペルー，チリが構成する地域経済機構**。2011年設立。2016年には加盟国間の貿易関税を92％撤廃した。アジア・太平洋地域との関係強化を目指す。日本もオブザーバー国に加わっている。

□**AU（アフリカ連合）**‥‥アフリカの55の国と地域が加盟する世界最大の地域機構。1963年に創設された「アフリカ統一機構」（OAU）が，40周年を前に2002年に改組して発足した。

AUKUS

アメリカ，イギリス，オーストラリアが2021年に創設した新たな安全保障の枠組み。3か国の頭文字からつくられた造語で，「オーカス」と読む。

ねらいは，太平洋地域で海洋進出を進める中国に対する軍事的抑止力の強化。米英はまずオーストラリアが進める原子力潜水艦の配備を支援する。

 # 国際政治の基礎問題

No. 1　多国間首脳外交に関する次の記述のうち、妥当なのはどれか。

1　2021年、日米豪印の首脳会合が開催された。

2　2021年、日米豪は新しい安全保障同盟をスタートさせた。

3　2021年、日米中韓の対北朝鮮協議で経済制裁が議論された。

4　2021年のG7サミットは、インド、中国、ロシアの首脳を招いて拡大会合を開催した。

5　2021年のG20サミットは、中国とロシアの正式参加を了承した。

No. 2　中東情勢に関する次の記述のうち、妥当なのはどれか。

1　アメリカのトランプ政権は、イスラム原理主義組織「タリバン」への敵対姿勢を強め、2020年、アフガニスタンに米軍を増派した。

2　アメリカのバイデン政権とタリバンは長期にわたる交渉の末、2021年に和平実現に合意し、米軍はアフガニスタンから撤退した。

3　米軍が撤退した後、アフガニスタンではタリバンが支配地域を広げ、全土を制圧して新政権を発足させた。

4　イラクでは米軍の駐留が続いており、2022年に入っても米軍と反政府組織との戦闘が続いている。

5　シリア北部ではトルコとの紛争が見られたが、2020年にアメリカの仲介で両国は停戦に合意した。

No. 3　地域機構に関する次の記述のうち、妥当なのはどれか。

1　EU（欧州連合）の拡大は続いており、2021年にはセルビアがEU加盟を果たし、参加国は35か国となった。

2　USMCA（米国・メキシコ・カナダ協定）は、トランプ大統領が一方的に推し進めたもので、カナダの反発により未批准のまま廃案となった。

3　ASEAN（東南アジア諸国連合）は、2015年に「ASEAN共同体」を創設し、一部でEU型の通貨統合を実現させた。

4　SCO（上海協力機構）は、中国、ロシアと中央アジア諸国がつくった地域機構であるが、2021年にはイランの正式加盟が決定した。

5　EAS（東アジア首脳会議）は、ASEAN諸国と日本、中国、韓国の政策協調の場であり、拡大会合には印、露、豪も参加する。

問題演習 正答と解説

No. 1 ▷正答 1

1 **正解！** 3月にオンラインで，9月には対面で開催された。
2 日米豪ではなく米英豪で，AUKUSと呼ばれることになった。
3 北朝鮮問題に限らず，日米中韓4か国の協議の枠組みは存在しない。
4 招待されたのは豪印韓と南アフリカの4か国。拡大会合はD11（主要11民主国会合）とも呼ばれた。
5 中露は発足当初からG20のメンバーである。

No. 2 ▷正答 3

1 トランプ政権は2020年にタリバンと和平交渉で合意し，米軍の撤退を約束した。
2 和平交渉に合意したのはトランプ政権である。
3 **正解！** 2021年8月に米軍は撤退し，タリバンが全土を掌握した。
4 イラクでの米軍の戦闘任務は2021年12月に終了した。ただし，イラク軍への助言のために米軍はまだ駐留している。
5 仲介したのはアメリカではなくロシアである。

No. 3 ▷正答 4

1 セルビアはまだ加盟交渉中である。また，EU加盟国数は，2021年末現在，27である。
2 USMCAは2020年に発効した。自動車の原産地規制の厳格化や労働・環境規定の強化などが盛り込まれている。
3 ASEAN共同体は単一市場の実現を図るものであり，通貨統合については実現もしていないし，目指してもいない。
4 **正解！** SCOは経済だけでなく政治・軍事での協力も行う。2017年にはインドとパキスタンが加盟した。
5 EASには，ASEAN諸国と日中韓だけでなく，米，露，印，豪，ニュージーランドも正式メンバーとして参加している。

No. 4 近年のアメリカ政治に関する次の記述のうち，妥当なのはどれか。

1 2020年のアメリカ大統領選挙では，一般投票の得票率（有権者の投票総数に占める割合）ではトランプ候補が最多だったが，過半数の「選挙人」を獲得したバイデン候補が当選者となった。

2 2020年の連邦議会選挙の結果，長期にわたって下院の多数党であった共和党は議席を減らし，2010年選挙以降では初めて民主党が下院で多数議席を獲得した。

3 2020年の上院選挙の結果，民主党と共和党の議席数は同数となったが，アメリカ憲法では副大統領が上院議長を務めることから，事実上，民主党が上院の多数派となった。

4 バイデン大統領は，地球温暖化対策の国際的枠組みである「パリ協定」には復帰したが，中国寄りすぎることを理由にWHO（世界保健機関）からは脱退した。

5 トランプ前大統領は「民主主義と専制主義の闘い」を掲げて，中国との対決姿勢を明瞭に示したが，バイデン大統領は中国との対話の重要性を強調し，米中首脳会議の定例化を提唱した。

No. 5 東アジア情勢に関する次の記述のうち，妥当なのはどれか。

1 2018年，中国の立法機関である全国人民代表大会は14年ぶりに憲法改正案を可決した。国家主席についてはそれまで任期の定めがなかったが，今回の憲法改正では1期5年を2期までと定められた。

2 2020年，中国政府は「香港国家安全維持法」を制定したが，これに反発した香港住民の抗議運動が収まらず，同法については香港住民の理解が得られるまで施行を延期することが発表された。

3 2020年の台湾総統選挙では，中国との統一に反対する民主進歩党の蔡英文候補が，親中派とされる中国国民党の韓国瑜候補らを破って，再選を果たした。

4 韓国では，2020年の総選挙で，文在寅大統領を支持する革新系の「共に民主党」が大きく議席を減らし，最大野党の未来統合党が全議席の6割を占める180議席を獲得した。

5 ミャンマーでは，2015年の総選挙の結果を受けて国民民主連盟による民主政権が成立したが，2020年の総選挙では軍部を母体とする連邦団結発展党が第1党となり，民主政権から軍事政権に移行した。

問題演習 **正答と解説**

No. 4 ▷正答 3

1 バイデン候補は，一般投票の得票率でも選挙人の数でもトランプ候補を上回った。ちなみに，2016年の大統領選挙では，クリントン候補がトランプ候補を一般投票の得票率で上回ったが，過半数の選挙人を獲得したトランプ候補が当選した。

2 下院の多数党は，2010年選挙以降は共和党だったが，2018年選挙で民主党に代わった。2020年選挙でも民主党が多数党の地位を維持した。

3 **正解！** 可否同数の場合には上院議長が決定権を持つことから，民主党が上院の決定権を握ることになった。

4 中国寄りすぎることを理由に，WHOからの脱退を国連に通告したのはトランプ大統領である。バイデン大統領は就任早々，この脱退通告を撤回した。

5 「民主主義と専制主義の闘い」を掲げたのは，トランプ大統領ではなく，バイデン大統領である。バイデン政権は中国に対する警戒感を強めており，米中首脳会議の定例化など提唱していない。

No. 5 ▷正答 3

1 2018年の憲法改正では，1期5年を2期までとされていた国家主席の任期規定が撤廃された。これにより習近平国家主席は，任期のない国家リーダーとして，中国政治に君臨できるようになった。

2 香港国家安全維持法は制定直後に施行された。同法に基づき，中国は香港に新たな治安機関（国家安全維持公署）を設置した。

3 **正解！** 蔡英文総統は2016年選挙で当選し，2020年選挙で再選された。台湾の独立を認める「二つの中国」の立場に立ち，中国が主張する「1国2制度」の台湾への適用には反対している。

4 2020年の総選挙では，「共に民主党」など文在寅大統領を支持する革新系政党が大きく議席を増やし，全議席の6割を占めるに至った。

5 2020年の総選挙でも国民民主連盟が勝利した。その後，これを不満とするミャンマー国軍はクーデターに訴え，武力で全権を掌握し，軍事政権を発足させた。

No. 6　ヨーロッパ情勢に関する次の記述のうち，妥当なのはどれか。

1　イギリスでは2019年12月，EU離脱を争点に総選挙が実施された。選挙の結果は与党保守党の圧勝となり，保守党が公約に掲げた2020年1月末のEU離脱が実施された。

2　イギリスは2020年1月末をもってEUを離脱した。その後の新たな自由貿易協定についての協議が決裂したため，2021年1月1日，イギリスはEUに対する関税を復活させた。

3　2018年のイタリア総選挙では，ポピュリスト政党である「五つ星運動」が第1党となって単独政権を発足させたが，内部分裂で崩壊し，2021年2月には民主党のドラギ氏を首相とする左派連立政権が誕生した。

4　2020年7月のロシア憲法改正では，大統領の選出方法が地方議員の間接選挙から有権者の直接選挙へと改められ，また再選回数の制限がなかった点も修正され「連続3選の禁止」が明記された。

5　2021年9月のドイツ連邦議会選挙では，「キリスト教民主・社会同盟」が第1党の地位を維持した。しかし，第2党の「社会民主党」は第3党の「緑の党」と「2位3位連合」を組み，連立政権を樹立させた。

No. 7　核軍縮と核開発に関する次の記述のうち，妥当なのはどれか。

1　北朝鮮は2013年2月に初めて核実験を行って以来，2017年9月までに6回の核実験を強行したが，いずれもミサイル搭載には適さない大型の原子爆弾の実験であった。

2　北朝鮮の核実験に対し，国連安保理は憲章第7章第41条に基づく経済制裁の是非を議論してきた。だが，中国の拒否権行使が続いたため，北朝鮮に対する経済制裁が決議・発動されたのは，2016年が初となった。

3　北朝鮮は2021年3月に弾道ミサイルを発射し，同年9月にも長距離巡航ミサイルや弾道ミサイルの発射実験を行って，ミサイル攻撃能力の向上をアピールした。

4　2018年，アメリカのトランプ政権は，イランと米英仏露中独の6か国が合意した「包括的共同行動計画（イラン核合意）」から一方的に離脱した。バイデン政権は2021年1月，イラン核合意への復帰を宣言した。

5　2017年に国連で採択された「核兵器禁止条約」は，すでに保有されている核兵器を除き，今後すべての核兵器の開発，製造，貯蔵などを禁止すると定めた条約だが，まだ発効には至っていない。

No. 6 ▷正答 1

1 **正解！** 選挙結果は与党保守党の圧勝となり，野党の労働党には歴史的な大敗となった。その後，保守党は単独政権を樹立し，公約に掲げたEU離脱を実行した。

2 2020年末までの移行期間中にイギリスとEUは自由貿易協定の交渉を進めたが，意見の隔たりが大きく，期限ぎりぎりの2020年12月24日にようやく締結合意に至った。これにより英EU間の関税復活は回避された。

3 選挙後しばらくは「五つ星運動」が中心となって，極右政党の「同盟」あるいは中道左派連合の「民主党」との連立政権を樹立させてきた。しかし，政権が安定しなかったことから，2021年，欧州中央銀行前総裁で政党に所属していないドラギ氏を首相とする実務型の大連立内閣へと移行した。

4 ロシア大統領はもともと直接選挙で選出されている。また，連続3選禁止も従来からある規定である。2020年の憲法改正では，大統領の任期を「連続2期まで」から「最長2期まで」に変更した。

5 「キリスト教民主・社会同盟」は第2党に転落し，代わって「社会民主党」が第1党となった。連立協議の後，2021年12月，「社会民主党」は「緑の党」と「自由民主党」とで3党連立政権を打ち立てた。

No. 7 ▷正答 3

1 北朝鮮の最初の核実験は2006年10月に実施された。また，北朝鮮は近年の核実験では，原爆よりも威力のある水爆の開発や，ミサイル搭載可能な小型核兵器の開発を進めたと見られる。

2 北朝鮮の6回の核実験のすべてに対し，国連安保理は制裁決議を可決してきた。また，中国が拒否権を発動した事実もない。

3 **正解！** 2021年10月には新型の潜水艦発射弾道ミサイル（SLBM）の実験成功も発表した。

4 アメリカのバイデン政権はイラン核合意への復帰を表明していない。アメリカが離脱した後，イランがウラン濃縮レベルを引き上げるなど，核兵器の開発を進める姿勢をとっているためと見られる。

5 核兵器禁止条約は，核兵器の新規の製造・獲得などにとどまらず，既存の核兵器を含め，すべての核兵器の保有を禁止している。50か国以上の批准という発効条件が2020年10月に整い，2021年1月に発効した。

第3章 日本経済

● 過去問研究

まずはやっぱり「成長率」

　日本経済の動向を示す経済指標についての問題は，専門試験で経済事情のある国家総合職・国家一般職［大卒］を中心に数多く出されてきた。また，国家公務員試験では，基礎能力試験でも出題されたことがある。

　経済指標のうち，**出題が多いのは日本経済の全体動向を示す「経済成長率」**。経済成長率に関係する「個人消費」や「設備投資」といった内需の動きも頻出事項だ。

雇用や物価にも注目

　労働関係では，「**有効求人倍率**」や「**完全失業率**」に注意が必要。「賃金」や「就業者（雇用者）数」も出ることがある。

　物価統計も忘れてはならない。「消費者物価」はデフレからの脱却という政策課題にかかわる重要な統計だ。

　このほか，貿易関連では「経常収支（貿易収支などを含む）」，企業活動では「企業収益」や「生産」に注意しておこう。

経済統計には効率的な対策を

　経済指標については『経済財政白書』の分析をベースに問われるのが一般的。どの指標がどう出題されるのかは白書の記述によるところが大きい。出題では，細かな数値が問われることもある。完全にフォローすることは至難の業だ。

　というより，そんなことに時間を割くのは効率が悪すぎる。問題を解くときには，上記の経済統計についての選択肢の正誤判断をきちんとして，まず選択肢を絞り込むことが大切だ。知らない統計数値が出ていても焦らず，経済動向などを考えながら，内容に矛盾がないかを判断しよう。

経済財政白書は読むべき？

　日本経済についての出題は，当然のことながら『経済財政白書』がネタ元となっていることが多い。試験対策としては白書を熟読するのが理想的。

　だが，時間的制約もあるし，内容もかなり専門的。まずは本書の姉妹編である『速攻の時事』を読んで要点を押さえ，それから白書に取り組むのが得策だろう。

日本の景気動向

 日本経済についてまず学ぶべきは景気に関する基本用語。戦後の主な景気拡張期間も把握しておこう！

● 景気基本用語

□**景気**‥‥経済全体の活動状況を表す言葉。「景気の波」というように，景気はよくなったり悪くなったりする。景気の動きは，多くの統計を駆使して判断されている。

□**景気の山と谷**‥‥景気の波が反転するところ。上向きだった景気が下降に転じるところが「景気の山」，悪かった景気が上昇に転じるところが「景気の谷」。「谷」に来ることを「底入れ」したともいう。

□**景気拡張と景気後退**‥‥景気の変化の方向性を表す言葉。景気が谷から山の間にある状態が「景気拡張」。反対に，景気が山から谷の間にある状態が「景気後退」。ともに「局面」をつけて使う。

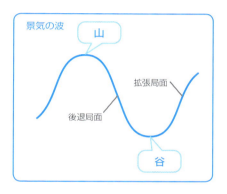

景気の波

山

拡張局面

後退局面

谷

● 戦後の主な景気拡張期間

名　称	長　さ	期　間
第14循環拡張期間	73か月	2002年 2 月 ～ 2008年 2 月
第16循環拡張期間	71か月	2012年12月 ～ 2018年10月
いざなぎ景気	57か月	1965年11月 ～ 1970年 7 月
バブル景気	51か月	1986年12月 ～ 1991年 2 月

＊戦後最長は第14循環拡張期間。「いざなみ景気」と呼ばれることもある。

＊第16循環の景気の山（2018年10月）は暫定。

＊なお，2021年11月，内閣府は2020年5月を暫定的に景気の谷と認定（日本経済は2018年11月から2020年5月まで景気後退局面にあった）。

暗記お助け

基本は「経済成長率」

ここに注目 経済時事で最も重要なのは「経済成長率」。ここでは，関連用語とともに一気に整理！

□ **経済成長率**‥‥GDP（国内総生産）の伸び率。%で表され，暦年・年度ごとの動き（前年比・前年度比）や1－3月期など四半期ごとの動きが注目される。

　このうち，四半期の動きについては，前年同期比を見ることもあるが，季節的な要因による変動を取り除いた「季節調整値」の前期比（季節調整済前期比）に注目するのが一般的だ。

□ **内需と外需**‥‥国内の需要と海外からの需要。日本経済を成長させるには，日本でつくられるものが国内・海外を問わず売れてくれればよい。つまり，内需または外需が増えれば，日本経済は成長する。

□ **民間需要**‥‥家計や企業からの需要。内需には，民間需要と公的需要（政府消費や公共投資）がある。民間需要のうち，試験対策上特に重要なのは，家計からの需要である「個人消費」と企業からの需要である「設備投資」の2つだ。

□ **個人消費**‥‥家計からの需要で，GDP統計では「**民間最終消費支出**」。個人消費はGDPの半分以上を占め，その動きは経済成長率の変動に直結する。

□ **設備投資**‥‥企業からの需要で，GDP統計では「**民間企業設備投資**」。設備投資は景気に大きな弾みをつける原動力になり，景気循環をもたらす要因ともなる。

名目と実質

「名目－物価変動＝実質」

　経済統計にはよく「名目」と「実質」という言葉が出てくる。物価が違うと，金額で示される数値を比較するときに困るからだ。そのために物価上昇率（下落率）を差し引いたものを「実質」と呼ぶ。

　たとえば，「名目経済成長率」が5%であっても，物価が違うと，「実質経済成長率」は違う。物価が3%上がったときには2%だが，3%下がったときには8%となる。

　一般的には，単に経済成長率というと「実質経済成長率」のことをさす。ただし，デフレ脱却に向けて物価動向が注目される昨今は名目値も話題となるので注意が必要だ。

	2020年度	2020年（四半期）			2021年（四半期）		
		4-6月期	7-9月期	10-12月期	1-3月期	4-6月期	7-9月期
実質GDP成長率	▲4.5	▲8.0	5.1	2.3	▲0.7	0.5	▲0.9

四半期は季節調整済前期比，単位は%，2021年12月末現在の公表値，▲はマイナス
（GDP統計の数値は改定されるため，2021年の『経済財政白書』の数値とは異なるので注意）

「物価統計」をマスター

ここに注目 今度は「物価」関連の統計だ。物価については，「上昇」しているのか「下落」しているのか，という動きに注意しよう！

□**消費者物価指数**‥‥消費者が購入する財やサービスの価格を総合した「物価」を表す指標。基準年からの変化を示す「指数」で表される。

統計の対象品目すべてを含む「総合指数」や，価格変動の大きい生鮮食品を除いた「**生鮮食品を除く総合指数（コア指数）**」などを総務省統計局が発表している。

ニュースでよく取り上げられるのは，前年同月との比較。季節によって買うものが違うので，同じ時期を比べて変化を見るのだ。試験対策としては，こうした数値の推移に注目しよう。

□**コアコア指数**‥‥生鮮食品，石油製品，その他特殊要因を除く消費者物価の総合指数。消費者物価の基調を見るために内閣府が作成し，『経済財政白書』などでの分析に用いられる。

□**企業物価指数**‥‥企業間で取引される財の価格をまとめた物価を表す指標。国内で生産した国内市場向けの財に関する「国内企業物価」などを日本銀行が発表している。

□**GDPデフレーター**‥‥国内要因の物価変動の程度を表す指標。名目GDPを実質GDPで割ったもの。

□**インフレ**‥‥**物価の継続的上昇**。インフレーションの略。

□**デフレ**‥‥**物価の継続的下落**。デフレーションの略。

株価

株価は，本来，企業利益の見通しを反映して上下する。その総体としての株式市場の動きは，企業活動に支えられた日本経済の先行きに対する評価ともいえる。株式を持っていなくても関心を持つべき統計だ。

「日経平均株価」は，東京証券取引所の１部に上場されている企業のうち，主要企業225社の動きを示す統計。一方，「TOPIX（トピックス）＝東証株価指数」は，東証１部の全銘柄の時価総額を指数化したもの。株式市場全体の資産価値を表している。

	消費者物価上昇率 （総合指数）	消費者物価上昇率 （コア指数）	国内企業物価上昇率
2020年度	▲0.2%	▲0.4%	▲1.4%

「労働統計」をマスター

次は「労働統計」だ。試験でよく問われるのは，完全失業率。今一度，どのようなものか確認しておこう！

□**完全失業者**‥‥職に就いておらず，就職活動をしている満15歳以上の人。職を探していても，ときどきアルバイトをして暮らしている人は「完全失業者」ではない。完全に失業していないと「完全失業者」にはならないのだ。

なお，1年以上失業している人は「長期失業者」と呼ばれる。

15歳以上人口 ← 労働力人口 ← 完全失業者／就業者

15歳以上人口 ← 非労働力人口

□**労働力人口**‥‥就業者と完全失業者の合計。この人口が15歳以上人口に占める割合を「労働力率」という。なお，就業者は「自営業主」「家族従業者」「雇用者」に分かれる。

□**完全失業率**‥‥労働力人口に占める完全失業者の割合。試験対策上，重要な統計。

□**有効求人倍率**‥‥職を求める人に対し，企業などからの求人がどれだけあるかを倍率で示した統計。好況で求職者数に比べて求人数が多いと1倍を超えるし，不況で求人が相対的に少なければ1倍を下回る。

有効求人倍率は，ハローワークにおける統計。ハローワークの有効期間内（申し込みの翌々月まで）の数値をもとにしているので「有効」という一言がついている。

なお，ハローワークでは「新規求人倍率」（＝その月の新規の求人数と求職数の倍率）も出している。

有効求人倍率＝有効求人者数÷有効求職者数

1倍を超える‥‥労働市場は需要超過（人手不足）

1倍を下回る‥‥労働市場は供給超過（人余り）

	完全失業者数	完全失業率	有効求人倍率
2020年度	198万人 （前年度より36万人増）	2.9% （前年度より0.6ポイント上昇）	1.10倍 （前年度より0.45ポイント低下）

「国際収支統計」をマスター

 ここに注目 最後は「国際収支統計」。対外経済取引にかかわる統計だ。特に経常収支とその内訳に注意しておきたい！

☐ **国際収支**‥‥日本の居住者と海外の居住者の間の経済取引すべてを分類・記録した統計。この統計は「収支」なので，入ってきた分と出ていった分の差し引きを赤字か黒字かで表すのが基本だ。国際収支の主要項目は「経常収支」「金融収支」「資本移転等収支」の３つ。試験対策上，重要なのは「経常収支」。その実績をまとめたのが一番下の表だ。

☐ **経常収支**‥‥「貿易・サービス収支」「第一次所得収支」「第二次所得収支」の合計。「貿易・サービス収支」は，財の輸出入に関する「貿易収支」とサービスの取引に関する「サービス収支」に分けてコメントされることも多い。「サービス収支」には旅行や輸送などが含まれる。

「第一次所得収支」は，海外からの利子・配当金といった投資収益に関する収支。「第二次所得収支」は官民の無償資金協力など，対価を伴わない資産の提供についての収支を表す。

☐ **金融収支**‥‥金融資産にかかわる国際間の取引の収支。中心となるのは，「直接投資」や「証券投資」などの投資収支で，ほかに「外貨準備増減」などがある。

☐ **直接投資**‥‥投資先企業の経営を目的とした国際的な投資。しばしば「直投」と略される。海外から日本への投資は「対内直接投資」，日本から海外への投資は「対外直接投資」と呼ばれる。

 貿易統計

国際収支とは別に「貿易統計」も対外経済取引では重要な統計。品目ごとと相手国ごとに，輸出と輸入の金額や数量を調べている。

この統計があると，「アメリカ向け輸送用機器の輸出増加が輸出額の増加に大きく寄与した」といった分析が可能になる。

2020年の経常収支

経常収支	15兆8790億円	（前年は　19兆2106億円）
貿易収支	3兆　106億円	（前年は　　　1503億円）
サービス収支	▲3兆7357億円	（前年は　▲1兆　821億円）
第一次所得収支	19兆1532億円	（前年は　21兆5124億円）

（▲は赤字）

CHAPTER **3** 日本経済

日本経済の基礎問題

No. 1　日本経済に関する次の記述のうち，妥当なのはどれか。

1　2020年度の実質GDP成長率は，経済対策等によって支えられ，わずかにプラスとなった。

2　実質GDP成長率は，2020年4－6月期以降3四半期連続で前期比マイナスとなった。

3　2021年1月以降，各地に緊急事態宣言が出されたこともあり，2021年1－3月期の実質GDP成長率は前期比マイナスだった。

4　2021年4月以降，各地に緊急事態宣言・まん延防止等重点措置が出されたこともあり，2021年4－6月期の実質GDP成長率は前期比マイナスだった。

5　内閣府が暫定的に景気の山と認定しているのは2020年5月である。

No. 2　日本の労働に関する次の記述のうち，妥当なのはどれか。

1　2020年度平均の有効求人倍率は1倍を下回った。

2　2020年度平均の完全失業者は300万人を上回った。

3　2020年度平均の完全失業率は4％台に上昇した。

4　2021年1～6月の雇用者数は，コロナ感染拡大前の2019年を下回る水準で推移した。

5　2021年1～6月には，2019年と比べ，非正規雇用者が増加した一方，正規雇用者は減少した。

No. 3　日本の物価に関する次の記述のうち，妥当なのはどれか。

1　国内企業物価は，石油・石炭製品などの価格低下により，2021年3～6月には前年同月比マイナスを続けた。

2　企業向けサービス価格は，「広告」や「不動産」が大きくマイナスに寄与し，2021年3～6月には前年同月比マイナスを続けた。

3　コア消費者物価指数（生鮮食品を除く総合指数）は，Go To トラベル事業や携帯電話料金の引き下げ等の政策による影響を除くと，2021年4～6月には前年同月比プラスで推移した。

4　コアコア消費者物価指数（生鮮食品・エネルギーを除く総合指数）は，Go To トラベル事業や携帯電話料金の引き下げ等の政策による影響を除くと，2021年1～6月には前年同月比マイナスで推移した。

5　経済全体の需給状況を示すGDPギャップは，2021年1－3月期にはプラスに転じ，消費者物価を押し上げる要因となった。

正答と解説

No. 1

1　2020年度の実質GDP成長率は大幅なマイナスだった。

2　実質GDP成長率は，2020年7－9月期と10－12月期には前期比プラスとなった。

3　**正解！**　緊急事態宣言により，飲食店に対する営業時間短縮要請等が行われた。

4　個人消費が若干のプラスに転じたことなどから，2021年4－6月期の実質GDP成長率は前期比プラスだった。

5　内閣府は暫定的に2020年5月を景気の谷と認定している。

No. 2
▷正答　4

1　2020年度平均の有効求人倍率は1.10倍だった。

2　2020年度平均の完全失業者数は198万人だった。

3　2020年度平均の完全失業率は2.9％だった。

4　**正解！**　2021年1～6月には，「宿泊・飲食サービス業」や「生活関連サービス・娯楽業」で女性を中心に非正規雇用が大幅に減少した。

5　非正規雇用者が減少した一方，正規雇用者は増加した。

No. 3
▷正答　3

1　国内企業物価は，石油・石炭製品などの価格上昇により，2021年3～6月には前年同月比プラスを続けた。

2　企業向けサービス価格は，「広告」や「不動産」がプラス寄与に転じ，2021年3～6月には前年同月比プラスを続けた。

3　**正解！**　2021年4月以降，エネルギー価格もプラス寄与に転じた。

4　コアコア消費者物価指数は，2021年1～6月においても前年同月比プラスで推移した。

5　経済全体の需給状況を示すGDPギャップは，2021年1－3月期においてもマイナスだった。

No. 4　日本経済に関する次の記述のうち，妥当なのはどれか。

1　2020年度の実質GDP成長率に対する需要項目別の寄与度を見ると，個人消費が大きくマイナスに寄与した一方，民間設備投資はわずかながらプラスに寄与した。

2　2020年度の実質GDP成長率に対する公的需要（公的固定資本形成，政府最終消費支出，公的在庫変動）の寄与度はマイナスだった。

3　新設住宅着工戸数（季節調整値）は，2020年後半以降，前月比で増加傾向にあったが，増加を続けていた持家が減少に転じたことから，2021年3〜6月に落ち込んだ。

4　輸出数量（季節調整値）は，2021年4-6月期には感染拡大前の2020年1月の水準を超えるまでに回復した（財務省「貿易統計」）。

5　実質総雇用者所得（＝1人当たり賃金×雇用者数，季節調整値）は，コロナの影響により，2020年5月に前月比で大きく落ち込んだ。その後も，賃金の減少が続き，雇用者数も横ばいとなったため，2021年前半まで実質総雇用者所得は前月比で減少基調を続けた。

No. 5　日本の労働に関する次の記述のうち，妥当なのはどれか。

1　完全失業率（季節調整値）は，2020年4月に4％台となり，その後も上昇を続け，2021年1〜6月には5％台で推移するようになった。

2　25〜64歳の就業率（季節調整値）は，コロナの感染拡大を受け，男女ともに2020年4月以降低下した。2021年前半には，男性ではおおむね2020年1-3月期の水準にまで回復したが，女性では2020年1-3月期の水準を下回ったままだった。

3　15〜24歳の男性の就業率（季節調整値）は，コロナの感染拡大後に大きく低下し，その後は回復したものの，2021年前半においても2020年1-3月期の水準には戻らなかった。

4　一般労働者の現金給与総額について，2019年と比べた増減に対する所定内給与の寄与度を見ると，2020年後半からプラス寄与が縮小し，2021年前半にはマイナス寄与へと転じた。

5　パートタイム労働者の現金給与総額について，2019年と比べた増減に対する特別給与の寄与度を見ると，一般のボーナス月に当たる2020年6月，同年12月，2021年6月には，大きなマイナス寄与となった。

No. 4　▷正答　4

1　民間設備投資もマイナスに寄与した。マイナス寄与は, 個人消費（▲3.0％）のほうが民間設備投資（▲1.2％）よりも大きかった。

2　2020年度には大規模な補正予算が組まれ, 公的需要の寄与度はプラス（0.8％）だった。

3　新設住宅着工戸数は2020年中は横ばい圏内にあった。2020年後半から持ち直してきた持家の増勢に加え, 減少を続けていた貸家が増加に転じたことから, 2021年3～6月には底堅い動きとなった。

4　**正解！**　輸出金額全体の6割近くを占めるアジア向け輸出が全体を押し上げた。特に中国向けの輸出が好調だった。

5　実質総雇用者所得は, 2020年5月に大きく落ち込んだ後, 緩やかながらも増加基調を維持した。これは主として, 賃金のうちの定期給与がおおむね前月比プラスで推移したことによる。なお, 雇用者数は, 2020年6月以降, 前月比で持ち直していたが, 2021年4月以降は横ばいとなった。

No. 5　▷正答　3

1　完全失業率は2020年4月に若干上昇したものの2％台後半にとどまり, その後もさらに上昇したが, 3％前後で推移した。

2　25～64歳の就業率は, 2021年前半には男女ともに2020年1-3月期の水準にまで回復した。なお, 感染拡大直後の就業率は, 男性では若干の低下にとどまったが, 女性では, 子どもの学校が臨時休業となった影響もあり, 大きく低下した。

3　**正解！**　15～24歳の男性は対人サービス業種に就業する者が多く, 勤務先の休業や事業縮小で離職し, 失業や非労働力へと転じたためと考えられる。

4　2020年後半からマイナス寄与が縮小し, 2021年前半にはプラス寄与へと転じた。こうしたことにより, 特別給与の一時的な押下げを除き, 2021年前半には現金給与総額はおおむね2019年と同水準にまで回復した。

5　働き方改革関連法の施行でパートタイム労働者の処遇改善が進み, 特別給与は, 2020年6月, 同年12月, 2021年6月には, 大きなプラス寄与となった。

No.6　日本の消費や貯蓄に関する次の記述のうち，妥当なのはどれか。

1　実質民間最終消費支出（季節調整値）は，2020年4－6月期に前期比で大きく落ち込み，その後も減少を続けたが，2021年1－3月期に増加に転じた。

2　2021年上半期の実質国内家計最終消費（季節調整値）を形態別に見ると，サービス支出は底堅く推移し，2019年10－12月期の水準を超えた一方，耐久財支出は依然として弱い状態にあり，2019年10－12月期の水準に戻っていない。

3　2021年1～6月のEC（電子商取引）消費総額について，2019年と比較した伸びに対する寄与を見ると，「利用世帯数」のプラス寄与が大きい一方，「世帯当たりEC購入金額」の寄与は一貫してマイナスで推移した。

4　2021年1～6月のEC消費について，2019年と比べた消費総額の増減を世帯主の年齢階層別世帯消費の寄与度で見ると，「20代以下」「30代」「40代」「50代」の世帯はプラスに寄与している一方，「60代」「70代以上」の高齢世帯はマイナスに寄与している（3と4は総務省「家計消費状況調査」）。

5　2020年の家計貯蓄率は大幅に上昇して10％を超える水準となり，貯蓄額も前年から約30兆円増加した（内閣府「国民経済計算」）。

No.7　日本の企業活動に関する次の記述のうち，妥当なのはどれか。

1　鉱工業生産指数は，コロナの影響で2020年3月から5月にかけて急落し，その後も2021年前半までは低水準のまま横ばいで推移した。

2　電子部品・デバイスや生産用機械の生産は2020年後半に持ち直したが，2021年前半には増勢が見られなくなった。一方，輸送機械の生産は2020年後半から持ち直しが続き，2021年前半には生産全体の増勢を牽引した。

3　第3次産業活動指数は，緊急事態宣言の解除で社会経済活動が段階的に引き上げられたことにより，2020年後半には持ち直しを続けていた。だが，感染再拡大の影響を受け，2021年前半には対人サービス業を中心に弱い動きとなった。

4　経常利益（季節調整値）は，2020年4－6月期に前期比で大きく減少したが，7－9月期以降増加に転じた。特に非製造業の増加が顕著で，2021年1－3月期の経常利益は，感染拡大前の2019年の水準を上回った（財務省「法人企業統計季報」）。

5　2021年6月の日銀短観により企業の景況感を見ると，「持続化給付金」の対象となったこともあり，中小企業では2020年4－6月期を底に改善が見られた。一方，大企業では2021年4－6月期まで悪化を続けた。

No. 6

▷正答 5

1　民間最終消費支出は，2020年7－9月期と10－12月期には前期比で増加したものの，緊急事態宣言が出されたこともあり，2021年1－3月期に<u>減少に</u>転じた。なお，続く4－6月期には，再び前期比で増加に転じた。

2　2021年1－3月期と4－6月期に<u>2019年10－12月期の水準を超えているのは，底堅く推移した耐久財支出</u>であり，<u>2019年10－12月期の水準に戻っていないのは弱い動きを続けたサービス支出</u>である。

3　2021年1～6月においては，利用世帯数のプラス寄与が大きかったことに加え，世帯当たりEC購入金額の寄与も<u>おおむねプラス</u>で推移した。

4　2021年1～6月においては，「60代」から「70代以上」の高齢世帯も含め，<u>すべての年齢階層別世帯がプラスに寄与した。</u>

5　**正解！**　消費の弱い動きに加え，特別定額給付金が国民に支給されたこともあり，2020年の家計貯蓄率は11.8％に上昇した。2020年の貯蓄額は37.4兆円に達した。

No. 7

▷正答 3

1　鉱工業生産指数は，<u>2020年5月を底に持ち直しに転じた。</u>

2　<u>「電子部品・デバイスや生産用機械」と「輸送機械」が逆である。</u>輸送機械（自動車を含む）は，世界的な半導体不足の影響などにより，2021年には増勢が見られなくなった。

3　**正解！**　特に落ち込みが顕著だったのは，移動の自粛要請の影響を受けた「宿泊業」や，営業自粛要請の対象だった「飲食店，飲食サービス業」だった。

4　2020年7－9月期以降の経常利益が増大し，2021年1－3月期における経常利益が感染拡大前の2019年の水準を上回ったのは，製造業である。

5　企業の景況感は，2020年4－6月期を底に<u>大企業・中小企業ともに改善が見られた。</u>ただし，中小企業では，2021年4－6月期でも製造業・非製造業ともに「悪い」と答えた企業の割合が「良い」と答えた企業の割合を上回っており，大企業の改善に比べ，改善ペースは緩やかなものにとどまった。

●過去問研究

まずは日銀の金融政策に注目

　経済政策についての時事問題の**大半を占めるのは「金融政策」**。日本銀行の行う景気安定化策だ。出題が多いのは国家総合職や国家一般職［大卒］の専門試験の経済事情。だが，基礎能力試験でも，専門と変わりないレベルの問題が出されたことがある。

　2013年に日銀が「量的・質的金融緩和」を採用して以降，国家総合職では，平成26年度から30年度にかけて出題が続いた。金融政策は，国家一般職［大卒］でも平成27年度，令和元年度，2年度の試験で選択肢に登場した。このほか，平成28年度の警視庁警察官［Ⅰ類］，平成29年度，令和元年度，2年度の国税・財務専門官，平成30年度の国家専門職［大卒］などでも取り上げられている。出題を前提に，きちんとフォローしておくのが得策だ。

コロナに注意

　政府が行う経済政策で注目すべきは，**新型コロナウイルスへの対応策**。2020～2021年には，感染拡大を受け，政府は相次いで大規模な経済対策を策定した。補正予算も組み，各種給付金や自治体向けの交付金など新たな制度も設けた。注目度は高い。

　このほか，「人づくり革命」にも注意。中心施策の幼児教育・保育の無償化や高等教育の無償化が実施段階にある。時事対策上，無視は禁物だ。

通商政策では「EPA」に注目

　通商政策の定番テーマは「EPA」。日本経済の問題ではもちろん，国際政治や世界経済などの問題でもよく登場してきた。

　EPA（経済連携協定）については，日英EPAやRCEPの発効など話題が豊富。今年は特に注意したい。

> **観光は有望株！**
>
> 　経済政策で，注目されるテーマの1つは観光。政府は観光を地方創生の切り札，成長戦略の柱と位置づけ観光先進国を目指すとしている。
>
> 　残念ながら，コロナのせいで訪日外国人旅行者数は激減。地域経済も打撃を受けた。とはいえ，依然として観光政策は有望株。特に地方公務員受験者は，面接・論述試験まで意識しながら，しっかり地元ネタを研究しておくとよい。

新型コロナへの対応策

 ここに注目 2020〜2021年，政府はコロナ対応のための大規模な経済対策を策定。補正予算も組んだ。主な施策を一気に整理！

☐ **新型コロナウイルス感染症緊急経済対策**‥‥2020年4月策定。柱は5つで，①感染拡大防止策と医療提供体制の整備・治療薬の開発，②雇用の維持と事業の継続，③次の段階としての官民を挙げた経済活動の回復，④強靱な経済構造の構築，⑤今後への備え。

☐ **特別定額給付金**‥‥家計を支援するため**全住民に1人当たり10万円を支給**。

☐ **持続化給付金**‥‥売上げが急減した事業者の事業継続を支えるため，**事業全般に広く使える給付金を支給**（申請時期は2020年5月〜2021年2月）。

☐ **家賃支援給付金**‥‥売上げが急減した事業者の事業継続を支えるため，**事業者が支払う地代・家賃を補う給付金を支給**（申請時期は2020年7月〜2021年2月）。

☐ **雇用調整助成金**‥‥**事業主が労働者に休業手当を支払う場合，その一部を助成する制度**。新型コロナの影響で休業した場合，助成率と上限額が引き上げられるなどの特例措置がとられた。

☐ **新型コロナウイルス感染症緊急包括支援交付金**‥‥地方自治体が行う新型コロナ感染拡大防止策や医療提供体制の整備等を支援する交付金。

☐ **新型コロナウイルス感染症対応地方創生臨時交付金**‥‥地方自治体が新型コロナに対応するために行う事業を支援する交付金。原則，使途に制限はない。

☐ **Go To キャンペーン**‥‥**観光・運輸業，飲食業，イベント・エンターテインメント事業の消費を喚起する支援策**。Go To トラベル，Go To Eat，Go To イベント，Go To 商店街がある。

☐ **国民の命と暮らしを守る安心と希望のための総合経済対策**‥‥2020年12月策定。柱は3つで，①新型コロナウイルス感染症の拡大防止策，②ポストコロナに向けた経済構造の転換・好循環の実現，③防災・減災，国土強靱化の推進など安全・安心の確保。

☐ **コロナ克服・新時代開拓のための経済対策**‥‥2021年11月策定。柱は4つで，①新型コロナウイルス感染症の拡大防止，②「ウィズコロナ」下での社会経済活動の再開と次なる危機への備え，③未来を切り拓く「新しい資本主義」の起動，④防災・減災，国土強靱化の推進など安全・安心の確保。

☐ **事業復活支援金**‥‥地域や業種を限定せずに，売上げが大きく減少した事業者に**事業規模に応じた支援金を支給**。

経済政策関連用語

 政府が行う経済政策は多岐にわたる。試験対策上，押さえておきたい用語をまとめておこう！

☐**新たな外国人材受入れ**‥‥2018年の改正出入国管理法（2019年4月施行）は，一定の専門性・技能を持つ外国人の在留資格「**特定技能1号**」「**特定技能2号**」を創設。「1号」については在留期間の上限を5年とし，家族の帯同を認めない。

☐**幼児教育無償化**‥‥3歳から5歳までのすべての子どもと0歳から2歳までの住民税非課税世帯の子どもについて，**幼稚園・保育所・認定こども園の費用を無償**にする。保育の必要があると認定された場合は，認可外保育施設の費用も無償化。財源は，消費税率10％への引き上げによる増収分の一部と企業拠出の「子ども・子育て拠出金」の増額分を充てる。2019年10月から実施。

☐**高等教育無償化**‥‥住民税非課税世帯の子どもについて，**大学，短大，高専，専門学校の授業料や入学金を減免**（国立大学の場合は全額免除，私立大学の場合は上限額を設定）。生活費をまかなえる**給付型奨学金**も支給する。住民税非課税世帯に準じる低所得世帯の子どもにも一定程度の支援を行う。

　支援対象者の選考では，成績だけで否定的な判断をせず，学習意欲に配慮。支援対象者の進学後の学習状況は毎年確認され，不適切な場合は支給が打ち切られる。支援措置の対象となる大学等には，学問追究と実践的教育のバランスが取れているなどの要件を設ける。2020年4月から実施。

☐**就職氷河期世代への支援**‥‥2019年，政府は「**就職氷河期世代支援プログラム**」**を策定**。3年間集中的に支援するとした。

　支援対象は，不本意ながら非正規雇用で働く人，長期無業者，ひきこもりの人など全部で100万人程度。これにより正規雇用者の30万人増加を目指す。

　なお，公務員での採用も推進している（2020年度から3年間，就職氷河期世代を対象とする国家公務員中途採用者選考試験を実施等）。

 新しい資本主義

　岸田首相が目指すのは，成長も分配も実現する「新しい資本主義」。2021年10月，岸田内閣は首相を本部長とする「新しい資本主義実現本部」を設置。その下で，有識者も交えた「新しい資本主義実現会議」が開催されている。

　同会議は，2022年春に「新しい資本主義の実現に向けたビジョンと具体化のための方策」を取りまとめる予定。試験前に関連ニュースをチェックしておこう。

農政を考える

 政府が目指すのは，農林水産業を成長産業にすること。基本政策と新政策を併せて整理しておこう！

● 農業基本政策

□**食料・農業・農村基本法**‥‥日本の農業政策の基本法。①食料の安定供給の確保，②多面的機能の十分な発揮，③農業の持続的発展，④農村の振興の４つが基本理念。

□**食料・農業・農村基本計画**‥‥日本の農業政策の基本指針。2020年に策定された新基本計画は，「産業政策」と「地域政策」を車の両輪として進めるとした。

● 農林水産政策関連用語

□**食料自給率**‥‥国内に供給される食料のうちの国内生産の割合を表す指標。なお，食料自給率では輸入飼料を使って国内で生産した畜産物を国産分にカウントしない。カウントする場合は「**食料国産率**」と呼ぶ。

農業の多面的機能

　農業は，食料供給という本来の機能以外にも，さまざまな機能を持っている。たとえば，生産活動を通じた国土の保全，水源のかん養，生物多様性の保全，良好な景観の形成，文化の伝承などだ。
　この多面的機能については，積極的に評価する国（日本やEUなど）とそうでない国（アメリカなど）とがあり，国際交渉などの場でしばしば議論の争点となる。

食料自給率の目標			
	2020年度（実績）		2030年度
カロリーベース	37%	→	45%
生産額ベース	67%	→	75%

□**農林水産物・食品の輸出**‥‥政府は，**農林水産物・食品の輸出額を2025年までに２兆円，2030年までに５兆円**とする目標を設定。ちなみに，2020年の輸出額は８年連続で過去最高を更新し，9217億円にのぼった。

□**家畜伝染病**‥‥2018年，日本で26年ぶりにCSF（豚熱）が発生。野生イノシシにも感染し，病原体が広域に拡散した。また，2018年以降，アジア地域ではASF（アフリカ豚熱）が急速に拡大した。こうした事態を受け，2020年，政府は**家畜伝染病予防法を改正**。野生動物の感染に対する対策や輸出入検疫等を強化した。

金融政策を考える

 日銀は大規模な金融緩和を実施。2013年以降の金融政策の運営方針の変遷をまとめておこう！

2013年1月 「物価安定の目標」導入 —— インフレターゲット！
目標＝消費者物価指数の前年比上昇率2％

2013年4月 「量的・質的金融緩和」 —— 操作目標はマネタリーベース
マネタリーベース：年間「約60〜70兆円」増加
長期国債買入れ：年間「約50兆円」増加，平均残存期間「7年程度」

2016年1月 「マイナス金利付き量的・質的金融緩和」
マネタリーベース：年間「約80兆円」増加（2014年10月〜）
金利：日銀当座預金の一部に▲0.1％のマイナス金利
長期国債買入れ：年間「約80兆円」増加，平均残存期間「7〜12年程度」

2016年9月 「長短金利操作付き量的・質的金融緩和」 —— 操作目標は長期金利
　長短金利操作（イールドカーブ・コントロール）
　　短期金利：日銀当座預金の一部に▲0.1％のマイナス金利
　　長期金利：10年物国債金利が0％程度で推移するよう誘導
　　長期国債買入れ：年間「約80兆円」をめどに増加，平均残存期間の定め廃止

2018年7月 「強力な金融緩和継続のための枠組み強化」
　長短金利操作（イールドカーブ・コントロール）
　　短期金利：日銀当座預金の一部に▲0.1％のマイナス金利（適用分減少）
　　長期金利：10年物国債金利が0％程度で推移するよう誘導
　　　　　　　金利水準の一定程度の変動を容認
　　長期国債買入れ：年間「約80兆円」をめどに増加，弾力的な買入れ

2020年4月 「金融緩和の強化」
　長短金利操作（イールドカーブ・コントロール）
　　短期金利と長期金利についての方針は変更なし
　　長期国債買入れ：上限を設けず必要な金額を買入れ

＊日銀は，長期国債以外の資産（ETF・J-REIT，CP・社債等）も買入れ。「資産買入れ方針」を定め，買入れ額を順次増額してきた。
＊日銀は2021年3月，長短金利操作の柔軟な運営を行うため，長期金利について許容する変動幅を±0.25％とすることを明確化した。

金融関係用語

ここに注目 金融関係の用語はなじみのないものが多く，難しく感じるかもしれない。話題の言葉も含めて金融関係用語をチェック！

□**マイナポイント**‥‥**マイナンバーを活用した消費活性化策。** マイナンバーカードを持っている人がキャッシュレスでの決済やチャージをした場合，国が「マイナポイント」を付与する。

　第一弾（2020年9月〜2021年12月）では，1人当たり最大5000円分のポイントを付与。第二弾の実施も2021年11月の経済対策に盛り込まれ，①新規取得者に最大5000円分，②健康保険証としての利用登録を行った者に7500円分，③公金給付受取口座の登録者に7500円分のポイントを付与する。

□**預貯金口座登録法**‥‥2021年成立。マイナンバーとひも付けた預貯金口座をあらかじめ登録し，公的給付を迅速に受け取る公的給付受取口座登録制度を創設。登録は任意。

□**預貯金口座管理法**‥‥2021年成立。①マイナンバーとひも付けて預貯金口座を管理する制度を創設（利用は任意），②災害時や相続時に，預金保険機構が預貯金者や相続人に口座情報を提供する制度を創設。

□**NISA**‥‥**少額投資非課税制度。** 金融機関でNISA口座を開設して株や株式投資信託等を購入すると配当や売買益が非課税となる。令和2年度税制改正により制度が改正（ジュニアNISAは2023年末に廃止）。

	つみたてNISA		新NISA
年間の非課税投資枠	40万円	併用は不可	1階　20万円 2階　102万円
非課税期間	20年間		5年間
口座開設可能期間	2018〜2042年		2024〜2028年
対象投資商品	一定の投資信託		1階　つみたてNISAと同じ 2階　株・投資信託等
利用者	20歳以上		20歳以上

□**暗号資産**‥‥**仮想通貨。インターネット上で自由にやり取りされ，通貨のような機能を持つ電子データ。** たとえば，ビットコイン（Bitcoin）など。

　日本では，利用者保護やマネー・ローンダリング対策の観点から，暗号資産交換業者には登録制が導入されている。なお2021年9月，中国人民銀行は暗号資産に関連する取引やサービスを全面的に禁止すると発表した。

暗記お助け

通商政策を考える

👉 **ここに注目** 今やEPA／FTAは通商政策の要。EPA／FTAをはじめ，日本の通商政策を考えるうえで必要な用語を確認しておこう！

● EPA／FTAとは？

□ **FTA（自由貿易協定）**‥‥特定の国・地域の間で，相互に物品の関税を撤廃したり，サービスへの外資規制を取り除いたりして，貿易の拡大を図る協定。

□ **EPA（経済連携協定）**‥‥FTAに加え，投資，競争，人の移動の円滑化や経済諸制度の調和など，経済全般の連携強化を目指す総合的な協定。

> **EPA（経済連携協定）**
>
> > **FTA（自由貿易協定）**
> > ☆関税の削減・撤廃
> > ☆サービス貿易への障壁撤廃
>
> ☆人的交流の拡大
> ☆投資規制撤廃・投資ルール整備
> ☆知的財産制度や競争政策の調和
> ☆各分野での協力

● 日本のEPA

□ **締結状況**‥‥2021年12月末現在，日本が署名・発効したEPA／FTAは21。2022年1月にはRCEPが発効。

□ **TPP（環太平洋パートナーシップ）協定**‥‥アジア太平洋地域の国々による包括的な広域経済連携協定。モノの関税の削減・撤廃だけでなく，サービスや投資の自由化も進め，さらに知的財産，電子商取引，環境など，幅広い分野で新たなルールを定める内容となっている。

　2016年2月に署名。だが，2017年1月にアメリカのトランプ大統領が離脱を表明し，発効できなくなった。

□ **CPTPP（包括的・先進的TPP協定）**‥‥アメリカを除く**TPP参加11か国(TPP11)による新協定**。TPPの規定を基本的に維持しつつ，条文の一部を「凍結」（アメリカが参加するまで停止）した。2018年12月に発効。

　TPP11＝シンガポール，ニュージーランド，チリ，ブルネイ，オーストラリア，ペルー，ベトナム，マレーシア，メキシコ，カナダ，日本

□ **RCEP（アールセップ；地域的な包括的経済連携）**‥‥ASEAN10か国に，日本，中国，韓国，オーストラリア，ニュージーランドの5か国を加えた**15か国による包括的な広域経済連携協定**。2022年1月に発効。

日本の発効済みEPAと発効年

アジア

シンガポール	2002年	ASEAN全体	2008年
マレーシア	2006年	フィリピン	2008年
タイ	2007年	ベトナム	2009年
インドネシア	2008年	インド	2011年
ブルネイ	2008年	モンゴル	2016年

中南米

メキシコ	2005年
チリ	2007年
ペルー	2012年

ヨーロッパ

スイス	2009年
EU	2019年
イギリス	2021年

オセアニア

オーストラリア	2015年

TPP11	2018年
RCEP	2022年

● 日米の貿易

□ **日米貿易協定**‥‥2020年1月に発効。**農産品に課す日本側の関税撤廃・削減はTPP協定の範囲内に抑制**。また，コメについては関税撤廃・削減等の対象から除外。一方，工業品に課す米国側の関税について**自動車・同部品は継続協議**（「更なる交渉による関税撤廃」），その他は貿易量が多い品目を中心に関税を撤廃・削減。

□ **日米デジタル貿易協定**‥‥2020年1月に発効。**インターネットを利用した商取引等に関するルールを規定**。両国間での電子的な送信への関税賦課の禁止，データローカライゼーションの禁止，ソフトウェアのソースコードやアルゴリズムの開示要求の禁止などを定めた。

● WTO基本用語

□ **WTO（世界貿易機関）**‥‥**世界貿易に関する国際機関**。1995年発足。多角的貿易交渉（ラウンド）で合意された自由貿易のルールの遵守を加盟国に促す。加盟国がルール違反をして貿易問題が発生した場合，提訴を受けて紛争処理を行う。

□ **ドーハ・ラウンド**‥‥2001年以降，WTOで行われてきた多角的な貿易交渉。貿易を通じた途上国の開発が重要課題の1つで，正式名称は「**ドーハ開発アジェンダ**」。農業，非農産品（鉱工業品等）市場アクセス，サービス，アンチ・ダンピングなどの貿易ルールのほか，貿易円滑化，環境，開発，知的財産権と幅広い分野を扱ってきた。

だが，交渉は，先進国と途上国の利害対立で難航。2013年に貿易円滑化協定を含む部分合意（バリ合意）が得られたが，2015年の閣僚会議は，ラウンドの継続と終了の両論を併記する閣僚宣言を採択した。

 **経済政策の予想問題1**

No. 1　観光に関する次の記述のうち，妥当なのはどれか。

1　新型コロナウイルスの感染拡大を受け，2021年6月，政府は訪日外国人数を2030年に6000万人にするとの従来の数値目標を下方修正し，4000万人に変更すると発表した。

2　412万人にとどまった2020年の訪日外国人旅行者について国・地域別の内訳を見ると，台湾からの旅行者数が最も多く，次いで韓国，アメリカ，中国の順に多くなっている。

3　外国人旅行者受入数の国際ランキングを見ると，3180万人を超えた2019年時点では，日本は世界第5位，アジアのなかでは中国に次いで第2位につけた。

4　訪日外国人旅行者による日本国内における消費額は，2020年に日本人及び訪日外国人旅行者が日本国内で使った旅行消費額のうちの10％以下となった。

5　『令和3年版観光白書』によると，2020年7～12月のGo To トラベル事業を利用した宿泊旅行の1人1泊当たりの利用価格帯の分布では，「30000円以上35000円未満」が最も多く，次いで多いのは「35000円以上」となっており，比較的高価格帯での利用が多かった。

No. 2　国際貿易に関する次の記述のうち，妥当なのはどれか。

1　2022年1月，ASEAN加盟10か国と日本，中国，インドの計13か国によって署名されたRCEP（地域的な包括的経済連携）が発効した。

2　アメリカを除くTPP（環太平洋パートナーシップ）参加11か国による協定（CPTPP）は，物品の貿易にかかわる関税を撤廃・削減するFTA（自由貿易協定）であり，関税以外の分野は対象としていない。

3　2021年1月，日本とイギリスはEPAを発効させた。日英EPAでは，日EU・EPAの高水準の関税撤廃率を維持しつつ，電子商取引・金融サービス等の分野で日EU・EPAよりも先進的かつハイレベルなルールを定めた。

4　アジア地域における二国間のEPAの締結状況を見ると，これまで日本は，ASEAN加盟国のすべてとEPA協定を発効させているが，2021年末現在，ASEAN以外のアジアの国で日本との二国間EPAが発効している国はない。

5　2020年の日本のFTA等カバー率（2021年3月時点で発効済みのFTA等の相手国・地域との貿易が貿易総額に占める割合）は3割に満たず，中国や韓国の水準より低い。

No. 1　　　　　　　　　　　　　　　　　　　　　▷正答　4

1　政府は変更を発表していない。『令和3年版観光白書』によると，訪日外国人を2030年に6000万人とする等の目標達成に取り組み，官民一丸となって観光立国を実現するとしている。

2　訪日外国人旅行者で最も多いのは中国からの旅行者（107万人，全体の26％）。次いで，台湾（69万人），韓国（49万人），香港（35万人）となっている。アジアからの旅行者が全体の80.6％を占めている。

3　2019年の国際ランキングでは，日本は世界で第12位，アジアでは中国，タイに次いで第3位だった。なお，2019年の世界のトップ3はフランス，スペイン，アメリカである。

4　**正解！**　2020年の日本人及び訪日外国人旅行者が日本国内で使った旅行消費額は11.0兆円。このうち訪日外国人旅行者の旅行消費額は0.7兆円で，全体の6.8％を占めた。10％を下回ったのは6年ぶり。

5　利用価格帯は，「5000円以上10000円未満」が最も多く，「5000円未満」が次に多くなっており，比較的低価格帯での利用が多かった。

No. 2　　　　　　　　　　　　　　　　　　　　　▷正答　3

1　RCEPに署名したのは，ASEAN加盟10か国，日本，中国，韓国，オーストラリア，ニュージーランドの計15か国である。インドは，交渉参加国だったが，2019年11月に離脱を表明し，その後は参加しなかった。

2　CPTPPは物品の関税だけでなく，サービスや投資の自由化を進め，知的財産，金融サービス，電子商取引，国有企業，労働，環境など，幅広い分野で21世紀型のルールを構築する包括的な経済連携協定である。

3　**正解！**　イギリスのEU離脱に伴う移行期間が2020年12月31日に終わり，2021年1月から日EU・EPAがイギリスに適用されなくなることを踏まえ，日英EPAが締結された。

4　アジア地域では，インドやモンゴルとの二国間EPAが発効済みである。また，ASEAN加盟国のうち，カンボジア，ラオス，ミャンマーとの二国間EPAは締結されていない。ただし，これら3か国は，日ASEAN包括的経済連携協定でカバーされている。

5　2020年の日本の発効済の国・地域とのFTA等カバー率は約51％に達している。韓国（約71％）より低いが，中国（約42％）よりは高い。

No. 3　日本の経済政策に関する次の記述のうち，妥当なのはどれか。

1　「コロナ克服・新時代開拓のための経済対策」（2021年11月）は，新型コロナウイルス感染症の影響によって事業収入が大きく減少した中堅・中小・小規模事業者や個人事業主に対する「事業復活支援金」を創設した。

2　「コロナ克服・新時代開拓のための経済対策」（2021年11月）は，すべての子育て世帯に対して18歳以下の子ども１人当たり10万円相当（５万円は現金支給，５万円はクーポン支給）を給付することと，生活保護世帯に対して１世帯当たり10万円給付することを打ち出した。

3　「新しい経済政策パッケージ」（2017年12月）が打ち出した幼児教育の無償化に基づき，2019年10月以降，保育所，幼稚園，認定こども園に通うすべての０～５歳児を対象に利用料が無償化されている。

4　2019年，改正出入国管理及び難民認定法に基づき，新しい在留資格として，配偶者や子どもの帯同を認め，また在留期間を最長10年とする「特定技能１号」が創設された。

5　日本の食料自給率（カロリーベース）は2020年度には50％に低下した。2020年に決定された「食料・農業・農村基本計画」は，これを2030年度に75％とすることを目標としている。

No. 4　日本の金融政策に関する次の記述のうち，妥当なのはどれか。

1　日銀は2016年９月，「長短金利操作付き量的・質的金融緩和」の導入を決定し，短期金利については民間金融機関が保有する日銀当座預金のすべてに▲１％のマイナス金利を適用するとした。

2　日銀は2016年９月，「長短金利操作付き量的・質的金融緩和」の導入を決定し，長期金利については10年物国債金利が１％程度で推移するよう，長期国債の買入れを行うとした。

3　日銀は2018年７月，短期金利操作についてはマイナス金利が適用される日銀当座預金を増加させること，長期金利操作については10年物国債金利の誘導目標水準の引き上げを行うとした。

4　日銀は2020年４月，長期国債の買入れ額について，保有残高の増加額のめどを年間約100兆円に引き上げたうえで弾力的な買入れを実施するとした。

5　日銀は2020年５月，企業等の資金繰りを支援するため，「新型コロナ対応資金繰り支援特別プログラム」を導入した。

 正答と解説

No. 3 ▷正答　1

1　**正解！**　事業収入が基準期間の前年同月比で50％以上減少した場合, 中堅・中小企業・小規模事業者には上限250万円, 個人事業主には上限50万円の範囲内で支援金を支給。また事業収入が30 ～ 50％減少した場合にも, 中堅・中小企業・小規模事業者には上限150万円, 個人事業主には上限30万円の範囲内で支給する。

2　左記の経済対策は, 18歳以下の子ども１人当たり10万円相当の給付を所得制限を設けたうえで実施することと, 住民税非課税世帯に対する１世帯当たり10万円の給付を打ち出した。

3　利用料が無償化されたのは, ３～５歳児のすべての子ども。０～２歳児については, 住民税非課税世帯における子どものみである。

4　「特定技能１号」については, 家族の帯同は認められず, 在留期間は最長５年間である。家族の帯同が認められるのは「特定技能２号」である。

5　2020年度の日本の食料自給率（カロリーベース）は37％だった。「食料・農業・農村基本計画」の目標は, これを2030年度に45％とすることである(75％は生産額ベースの食料自給率の目標)。

No. 4 ▷正答　5

1　短期金利については, 民間金融機関が保有する日銀当座預金の「すべて」ではなく「一部」に, 「▲1％」ではなく「▲0.1％」のマイナス金利を適用するとした。

2　長期金利については, 10年物国債金利（長期金利の代表的な指標）の誘導目標を０％程度とするとした。

3　2018年７月に決定されたのは, マイナス金利が適用される日銀当座預金残高の減少である。また, 長期金利については, 実際の水準が一定程度変動することを容認するとした。０％程度としてきた10年物国債金利の誘導目標水準を変更したわけではない。

4　2020年４月に決定されたのは, 長期国債買入れ額の上限撤廃である（10年物国債金利が０％程度で推移するよう, 上限を設けず必要な金額の長期国債の買入れを行う)。

5　**正解！**　特別プログラムは2022年３月末までの措置。ただし, 中小企業等向けの支援策は2022年９月末まで延長。

●過去問研究

まずは歳出入の内訳

　財政における**頻出テーマは前年度の一般会計当初予算**。よく出されてきたのは，**歳出の主要経費別内訳**だ。特に注意しなければならない歳出項目は「社会保障」。選択肢の常連だ。

　令和３年度の国家総合職の専門試験では社会保障が出題され，５つの選択肢のうち２つが一般会計予算の社会保障関係費を取り上げた。歳出内訳の選択肢は，過去５年間の国家一般職（大卒）や国税・財務専門官の専門試験でも，ほぼ毎年登場している。

　一方，**歳入内訳**の出題も近年増えており，注意が必要だ。国家一般職［大卒］や国税・財務専門官の専門試験では，歳出と同じように過去５年間ずっと選択肢に登場し続けた。国家総合職でも平成28〜30年度にかけて出題されていた。

　一般会計当初予算のほかに**今年の試験で注目すべきは「補正予算」**。令和３年度には前年度に引き続き，大規模な補正予算が組まれた。歳出・歳入ともにチェックしておこう。

財政の国際比較にも目を配る

　各種試験で出題されうる**もう１つの重要テーマは財政の国際比較**。日本と，アメリカ，イギリス，フランス，ドイツの比較が一般的だが，イタリアが入ることもある。

　比較される内容で最も多いのは「財政収支」と「債務残高」。ともに対GDP比の数値が比べられる。

　財政の国際比較で用いられる主要指標であり，これが出るなら素直な問題といえる。いずれにしても，近年は，どちらの指標についても，日本の水準が悪いということを押さえておこう。

意外に出ている税制改正！

　税制改正については，国家・地方を問わず，多くの試験で出題実績がある。税制は年度ごとに改正されるので，時事問題にふさわしいのだ。

　試験対策としては，『速攻の時事』も参考にしながら，大きな改正を中心に内容を整理しておきたい。

財政用語を覚える

財政関係の用語には特殊ないい方をするものが多い。この際，耳慣れない言葉も一気に覚えてしまおう！

一般会計当初予算 （出題の中心は前年度の予算の内容）
「一般会計」となっているのは「特別会計」もあるから。
「当初予算」となっているのは「補正予算」や「暫定予算」があるから。

歳入
↓
財政では収入を歳入と呼ぶ

租税及び印紙収入 （いわゆる税収）
歳入総額に占める割合を**税収比率**という！

公債金 （国債を発行して得られる収入）
歳入総額に占める割合を**公債依存度**という！

重要 公債依存度は，日本が，収入（＝歳入）のうち，どれだけの割合を借金（＝公債金）でまかなっているのかを示す重要な指標！

建設国債‥‥公共事業費をまかなうために発行。財政法第4条に基づく。資産が残るだけ赤字国債よりマシ！

赤字国債（特例国債）‥‥一般会計歳出の財源不足を補うために発行。財政法では発行が認められておらず，わざわざ特例法をつくって発行されている。

&

歳出
↓
財政では支出を歳出と呼ぶ

一般歳出 （歳出から地方交付税交付金等と国債費を除いたもの）

重要 主要経費は次の4つ
社会保障関係費，文教・科学振興費
公共事業関係費，防衛関係費

地方交付税交付金‥‥自治体間の財政格差を縮小するため，国税収入（所得税，法人税，酒税，消費税，地方法人税）の一定割合を国が地方に交付する一般財源。

国債費 （国債の償還＝国の借金返済に充てられる費用）

歳出内訳をチェック

 令和3年度一般会計当初予算の総額は，106.6兆円（前年度比3.8％増）。3年連続して100兆円を超えた。まず，歳出の内容を把握しておこう！

● 歳出の概要

□**歳出の特徴**‥‥社会保障関係費（33.6％），国債費（22.3％），地方交付税交付金等（15.0％）の3つで歳出全体のおよそ7割（70.9％）を占めている。

□**各歳出の増加率**

令和2年度当初予算比

（「臨時・特別の措置」を除く）

一般歳出‥‥‥‥‥‥‥‥＋8.4％

国債費‥‥‥‥‥‥‥‥＋1.7％

地方交付税交付金等‥‥＋0.9％

● 一般歳出

□**主要経費の増減率**

令和2年度当初予算比

（「臨時・特別の措置」を除く）

社会保障関係費‥‥‥‥＋0.4％

公共事業関係費‥‥‥‥＋0.0％

文教・科学振興費‥‥‥＋0.1％

（うち，科学振興費）‥‥＋0.8％

防衛関係費‥‥‥‥‥‥＋1.2％

令和3年度一般会計当初予算：歳出

（単位：億円）

一般会計歳出総額 106兆6097億円

- 国債費 237,588（22.3％）
  - 利払費等 85,258（8.0％）
  - 債務償還費 152,330（14.3％）
- 一般歳出 669,020（62.8％）
  - 社会保障 358,421（33.6％）
  - 公共事業 60,695（5.7％）
  - 文教及び科学振興 53,969（5.1％）
  - 防衛 53,235（5.0％）
  - その他 92,700（8.7％）
- 地方交付税交付金等 159,489（15.0％）
- 新型コロナ対策予備費 50,000（4.7％）

その他の内訳	
エネルギー対策	8,891（0.8％）
経済協力	5,108（0.5％）
中小企業対策	1,745（0.2％）
予備費	5,000（0.5％）

 社会保障関係費と国債費

　一般会計歳出の主要経費について，赤字国債を発行しなくても予算編成ができた平成2年度（1990年度）予算と令和3年度予算を比べてみよう。増加が目立つのは「社会保障関係費」と「国債費」だ。この間，社会保障関係費は11.6兆円から35.8兆円に，国債費は14.3兆円から23.8兆円に増加した。歳出全体に占める社会保障関係費と国債費の割合も高まっている。政策の自由度が低下しているのは明らかだ（財政の硬直化）。

暗記お助け

歳入内訳をチェック

ここに注目 一般会計当初予算では歳入の内訳も重要。令和3年度一般会計歳入の概要に加えて，債務残高についてもまとめて整理！

● 歳入の概要

□ **歳入の特徴**‥‥全体の4割程度を公債金収入（将来世代の負担となる借金）に頼っている。

□ **歳入の増減率**

令和2年度当初予算比

租税及び印紙収入‥‥‥‥▲ 9.5%
その他収入‥‥‥‥‥‥▲15.5%
公債金‥‥‥‥‥‥‥‥＋33.9%

（▲はマイナス）

● 国債発行

□ **新規国債発行額**‥‥43兆5970億円

うち建設国債‥‥ 6兆3410億円
うち赤字国債‥‥37兆2560億円

□ **公債依存度**‥‥‥‥‥‥‥40.9%

（税収比率は53.9%）

令和3年度一般会計当初予算：歳入

（単位：億円）

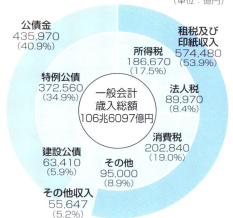

公債金 435,970（40.9%）
特例公債 372,560（34.9%）
建設公債 63,410（5.9%）
その他収入 55,647（5.2%）

一般会計歳入総額 106兆6097億円

租税及び印紙収入 574,480（53.9%）
所得税 186,670（17.5%）
法人税 89,970（8.4%）
消費税 202,840（19.0%）
その他 95,000（8.9%）

● 債務残高

□ **公債残高**‥‥‥‥年々増加。**令和3年度末には約990兆円**（建設国債は約285兆円，赤字国債は約700兆円）に達する見込み。

□ **国と地方の長期債務残高**‥‥‥‥**令和3年度末には約1212兆円**に達する見込み（対GDP比219%）。

国債発行計画

国は新規国債のほか，借換債（満期が来た国債を借り換えるために発行される国債）なども発行。これらを合わせた令和3年度の国債発行予定総額（第1次補正後）は224.4兆円にのぼる（新規国債65.7兆円，借換債143.7兆円，復興債0.04兆円，財投債15兆円）。3年度当初予算時に比べ，11.6兆円減少した（新規国債が22.1兆円増加，財投債が30兆円減少等）。

CHAPTER **5** 財政

話題の財政用語

 ここに注目 財政時事では，一般会計当初予算関連以外にも押さえておきたい用語がある。論述や面接のことも意識しながら，話題の財政用語を覚えよう！

☐ **補正予算**‥‥予算が足りない場合や予算内容を変える必要が出てきた場合に，当初予算を補うために組まれる予算。経済対策の策定時などに編成される。

　令和3年度には，「コロナ克服・新時代開拓のための経済対策」の関係経費などを計上した補正予算が組まれた（12月に成立）。

補正予算を加えた令和3年度一般会計予算

歳　　出		歳　　入	
当初	106兆6097億円	税収	63兆8800億円
1次補正	35兆9895億円	その他収入	13兆　642億円
		公債金	65兆6550億円
		当初	43兆5970億円
		1次補正	22兆　580億円
計	142兆5992億円	計	142兆5992億円

☐ **基礎的財政収支**‥‥「税収・税外収入」から，「国債費（国債の元本返済や利子の支払い）を除く歳出」を差し引いた財政収支。その年の国民生活に必要な政策的経費を，その年の税収等でどれだけまかなえているかを示す指標。「プライマリーバランス」とも呼ばれる。

☐ **特別会計**‥‥一般会計とは別に設けられている会計。特定の事業を行う場合や特定の資金を運用する場合などに設けられる。

　令和3年度，国は13の特別会計を設置している（年金特別会計，外国為替資金特別会計，東日本大震災復興特別会計など）。13の特別会計を単純合計した歳出総額は493.7兆円，会計間の重複計上等を除いた歳出純計額は245.3兆円にものぼる。歳出純計額の内訳は，多い順に国債償還費等，社会保障給付費，財政投融資資金への繰入れ，地方交付税交付金等となっている。

☐ **財政投融資**‥‥税負担によらず，国債の一種である財投債の発行などで調達した資金を財源に国が行う投融資活動。民間では対応が難しい長期・低利の資金供給や大規模・超長期プロジェクトの実施が可能となる。

☐ **臨時・特別の措置**‥‥消費増税による経済への影響を平準化するために一般会計予算に計上された措置。令和元年度には2兆280億円，令和2年度には1兆7788億円計上された。

地方財政の基礎用語

 ここに注目 地方財政の用語も基礎から再確認しておこう。国の用語と勘違いしないように、区別をしっかりつけておくのがポイント！

☐ **普通会計**‥‥地方自治体の一般会計と特別会計（公営事業会計以外）を合わせたもの。国の一般会計と対比される。

☐ **地方財政計画**‥‥**全地方自治体の「普通会計」の総額の見込額**。全国の自治体の翌年度の歳入歳出総額の見込みを合算したもので、地方の財政状況を表す。内閣が毎年度策定し、国会へ提出する。

 地方財政の規模

意外なことかもしれないが、地方財政計画の総額は、国の一般会計予算の規模に迫る大きさとなっている。日本経済にとって地方財政の果たす役割は大きい。

令和３年度は、地方が89.8兆円、国（当初）が106.6兆円。

☐ **一般財源**‥‥**地方自治体が自らの裁量で使える財源**。使い道があらかじめ決められていない財源で、「地方税」「地方譲与税」「地方交付税」などから構成されている。

☐ **特定財源**‥‥**特定の事業目的のために使われる財源**。使い道が決められている財源で、「国庫支出金（国の各府省が特定事業用に出した補助金）」や「地方債」（ただし、臨時財政対策債等は一般財源）などから構成されている。

☐ **令和3年度地方財政計画**‥‥規模は**89兆8060億円**（通常収支分）。前年度に比べ9337億円（1.0％）減少した。歳出では、政策的経費である地方一般歳出が75兆4043億円。前年度に比べ4437億円（0.6％）減少した。

歳入では、コロナの影響で**地方税が大幅に減少**（歳入全体の約43％を占める）。一方、地方債は前年度に比べ１兆9625億円の増額。赤字公債である「臨時財政対策債」も２兆3399億円増額された。一般財源総額は、交付団体ベースで見ると、前年度を0.2兆円上回る額（62兆円）を確保した。

☐ **地方財政健全化法**‥‥**財政破綻に陥る前の早い段階で、地方自治体に財政の健全化を促すための法律**。すべての自治体に対し、４つの財政指標の公表を義務づけた。

指標が一定の基準に収まっていない場合、その自治体は、財政の早期健全化を自主的に図るための「**財政健全化計画**」を策定しなければならない。さらに指標が悪い自治体には、国が関与して確実に財政の再生を図るための「**財政再生計画**」の策定が求められる。

CHAPTER 5 財政

63

問題演習 **財政の基礎問題**

No. 1　令和3年度一般会計当初予算に関する次の記述のうち，妥当なのはどれか。

1　予算の規模は，前年度当初予算より増加し，90兆円台となった。

2　一般歳出は，社会保障関係費が減少したため，前年度当初予算より減少した。

3　国債費は，利払い費の減少により，前年度当初予算より減少した。

4　社会保障関係費，国債費，地方交付税交付金等の3つを合わせると，歳出全体のおよそ7割を占めている。

5　税収見込み額は，前年度当初予算より増加し，60兆円台に達した。

No. 2　日本の財政に関する次の記述のうち，妥当なのはどれか。

1　2021年6月の「経済財政運営と改革の基本方針2021」は，2018年の「新経済・財政再生計画」が設定した財政健全化目標を断念するとした。

2　令和3年度一般会計当初予算における消費税収は20兆円を超え，所得税収を上回ることが見込まれた。

3　令和3年度一般会計当初予算においては，新規国債発行額が前年度当初予算より増加し，公債依存度は50％を超えた。

4　令和3年度末の国と地方の長期債務残高は前年度末に比べて増加する見込みとなっているものの，依然として名目GDPを下回っている。

5　日本の国民負担率は50％を超えており，スウェーデンよりも高い。

No. 3　日本の地方財政に関する次の記述のうち，妥当なのはどれか。

1　令和3年度の地方財政計画（東日本大震災分を除く通常収支分，以下同）の歳出規模は，同年度の国の一般会計当初予算の歳出規模を上回っている。

2　令和3年度の地方財政計画の歳出では，地方一般歳出が前年度よりも0.4兆円増加した。

3　令和3年度地方財政計画の歳入では，地方税が約6割を占めている。

4　令和3年度地方財政計画の歳入では，財源不足を補うための赤字公債である臨時財政対策債が前年度よりも2.3兆円減額された。

5　令和3年度末の地方の長期債務残高は，国の長期債務残高の5分の1以下となる見込みである。

 正答と解説

No. 1 ▷正答 **4**
1 予算規模は106.6兆円で，100兆円を超えている。
2 社会保障関係費は前年度に比べて増加し，一般歳出も増加した。
3 債務償還費も利払い費も増加し，国債費は前年度より増加した。
4 **正解！** 社会保障関係費が33.6％，国債費が22.3％，地方交付税交付金等が15.0％を占めている（合計70.9％）。
5 コロナの影響で税収は前年度に比べ減少し，57.4兆円と見込まれた。

No. 2 ▷正答 **2**
1 「基本方針2021」は，2018年に設定された財政健全化目標を堅持するとした。
2 **正解！** 消費税収は20.3兆円，所得税収は18.7兆円の見込み（法人税収は9兆円弱）。
3 新規国債発行額は前年度当初予算に比べ増加したが，公債依存度は40.9％で50％を超えていない。
4 国と地方の長期債務残高は，名目GDPの2倍以上の膨大な額となることが見込まれている。
5 日本の国民負担率は40％台である。スウェーデンは56.7％（2019年）であり，日本のほうが低い。

No. 3 ▷正答 **5**
1 地方財政計画の歳出規模（89.8兆円）は，同年度の国の一般会計当初予算の歳出規模（106.6兆円）を下回っている。
2 地方一般歳出は0.4兆円減少した。
3 地方税の占める割合は約43％である。
4 臨時財政対策債は前年度よりも2.3兆円増額された。
5 **正解！** 令和3年度末の長期債務残高は，地方が193兆円程度，国が1019兆円程度にのぼる見込みである。

No. 4　令和3年度一般会計当初予算に関する次の記述のうち，妥当なのはどれか（なお，前年度当初予算は「臨時・特別の措置」を除いたものとする）。

1　消費税率引き上げにより税収の増加が見込まれたため，新規国債発行額は前年度当初予算に比べ大幅に減額され30兆円台となった。これにより，一般会計歳入の7割以上が税収によってまかなわれることになった。

2　国債費は，利子及び割引料が減少したものの，債務償還費が増加したため，前年度当初予算より増加して43.8兆円となり，一般会計歳出全体の4割程度を占めるようになった。

3　社会保障関係費は，前年度当初予算より増加して25.8兆円となり，一般会計歳出全体の4分の1程度を占めているが，地方交付税交付金等の規模は下回っている。

4　公共事業関係費は，防災・減災，国土強靱化の推進のための経費が増えたため，前年度当初予算より増加して36.1兆円となった。

5　防衛関係費は，「中期防衛力整備計画」を踏まえ，宇宙・サイバー・電磁波といった新領域における作戦能力の強化のための経費が増えたことなどから，前年度当初予算より増加し，5.3兆円となった。

No. 5　日本の国債等に関する次の記述のうち，妥当なのはどれか。

1　令和3年度一般会計当初予算における歳入では公債金収入（新規国債発行額）が5割以上を占めている。その内訳では，赤字国債（特例国債）が建設公債の2倍程度の規模となっている。

2　令和3年度一般会計予算では，12月に約36兆円の第1次補正予算が成立し，その財源は建設国債のみによってまかなわれた。

3　令和3年度一般会計予算では，第1次補正後に公債金収入（新規国債発行額）が65兆円を超え，公債依存度は45％を超えた。

4　国債等（国債及び国庫短期証券）の保有構造を見ると，2020年末には国内投資家が8割程度，海外投資家が2割程度を保有している。国内の保有者では銀行等が3割以上を占め，次いで日銀が2割程度を占めている。

5　日本の普通国債残高は増加の一途をたどっており，令和3年度末には990兆円程度になることが見込まれている。その内訳を見ると，建設国債の残高のほうが赤字国債（特例国債）の残高を上回っている。

No. 4 ▷正答　5

1　税収が減少すると見込まれたため，新規の国債発行額は前年度に比べ増額され43.6兆円となった。また，一般会計歳入のうち，税収がカバーするのは約5割（53.9％）である。

2　債務償還費に加え，利子及び割引料（利払い費）も増加し，国債費は前年度より増加した。その額は23.8兆円で，その割合は一般会計歳出の約2割（22.3％）である。

3　社会保障関係費は前年度当初予算より増加して35.8兆円となった。一般会計歳出に占める割合は3分の1程度（33.6％）であり，地方交付税交付金等（15.9兆円）の規模を上回っている。

4　公共事業関係費は，前年度当初予算に比べ増加し，6.1兆円となった。社会保障関係費が約36兆円と知っていれば，公共事業関係費がそれと同額なのは多すぎるとわかる。

5　**正解！**　防衛関係費は9年連続して増額され，過去最大の5.3兆円となった。

No. 5 ▷正答　3

1　令和3年度一般会計当初予算の歳入では公債金が4割程度（40.9％）を占めている。その内訳では，赤字国債（37.3兆円）が建設国債（6.3兆円）の6倍近くの規模となっている。

2　令和3年度第1次補正予算の財源は，建設国債に加え，税収や税外収入の増加分，前年度の剰余金，赤字国債によってまかなわれた。

3　**正解！**　新規国債発行額は65兆6550億円（当初予算43兆5970億円，第1次補正予算22兆580億円）にのぼった。公債依存度は，当初時の40.9％から46.0％に上昇した。

4　2020年末では，国内の投資家が9割近く，海外の投資家が1割強を保有している。国内の保有者では，日銀が44.7％を占め，次いで生損保等が18.0％，銀行等が16.3％を占めている。

5　建設国債と赤字国債が逆。令和3年度末の残高は建設国債が約285兆円，赤字国債が約700兆円となる見込みであり，赤字国債は建設国債の2.5倍となっている。

財政の予想問題2

No. 6　日本の財政に関する次の記述のうち，妥当なのはどれか。

1　2019年度における社会保障給付費は50兆円程度にのぼった。部門別の内訳を見ると,「医療」が最も多く,次いで「福祉その他」「年金」の順になっている。

2　令和3年度の国債発行予定総額（第1次補正後）を見ると，新規国債のほか，約300兆円の借換債，約100兆円の財投債などを発行しており，これらを合わせた総額は500兆円を超えている。

3　特別会計について会計間相互の重複計上などを除外した歳出純計額は，令和3年度予算では約500兆円である。内訳では「社会保障給付」が最も多く,次いで「地方交付税等交付金等」「財政投融資資金への繰入れ」となっている。

4　国民負担率は，平成29年度（実績）から令和3年度（見通し）にかけて50％を超える水準で推移している。その内訳を見ると，一貫して社会保障負担率のほうが租税負担率を上回っている。

5　令和3年度税制改正で新設された「カーボンニュートラルに向けた投資促進税制」により，脱炭素化効果の高い先進的な投資については税額控除または特別償却ができるようになった。

No. 7　主要先進国（日本, アメリカ, イギリス, ドイツ, フランス, イタリア）の財政に関する次の記述のうち，妥当なのはどれか。

1　2005～2020年の「財政収支赤字の対GDP比」を一般政府ベースで見ると，一貫してフランスが日本よりも悪い水準で推移している。

2　2005～2020年の「債務残高の対GDP比」を一般政府ベースで見ると，主要先進国のなかではイタリアが日本に次いで高い水準で推移している。

3　2021年の法人実効税率を比べると，日本の税率は，ドイツと同程度の水準にあり，アメリカやイギリスの税率を下回っている。

4　日本の国民負担率は，他の主要先進国と比較すると，アメリカより低い水準にあるものの，イギリス，ドイツ，フランスよりは高い水準となっている。

5　日本の租税負担率は，他の主要先進国と比較すると，イギリス，フランス，ドイツの水準より高く，アメリカとほぼ並んで最も高い水準となっている。

No. 6 ▷正答 5

1 2019年度の社会保障給付費は123.9兆円。部門別の内訳では，多い順に「年金」「医療」「福祉その他」となっている。

2 令和3年度の国債発行（第1次補正後）の内訳は，新規国債65.7兆円，借換債143.7兆円，財投債15兆円，復興債0.04兆円となっており，これらを合わせた総額は224.4兆円である。

3 特別会計の歳出純計額は，令和3年度予算では245.3兆円。内訳では「国債償還費等」が最も多く，次いで「社会保障給付費」「財政投融資資金への繰入れ」「地方交付税交付金等」となっている。

4 国民負担率は，平成29年度から令和3年度にかけて40％台で推移している。内訳では，一貫して租税負担率のほうが社会保障負担率を上回っている。

5 **正解！** 令和3年度税制改正では，デジタル技術を活用した企業変革を進めるための投資を対象とする「DX（デジタルトランスフォーメーション）投資促進税制」も新設された。

No. 7 ▷正答 2

1 一般政府の財政収支赤字の対GDP比は，2007年を除き，日本のほうがフランスよりも悪い水準で推移している。

2 **正解！** ちなみに日本の比率は，100％をはるかに超えて推移し（2010年以降は200％超），主要先進国のなかで最悪の水準にある。

3 日本の法人実効税率は，ドイツと同程度の水準にあり，アメリカやイギリスより高くなっている。

4 日本の国民負担率は，アメリカより高いが，イギリス，ドイツ，フランスよりは低い。

5 日本の租税負担率は，イギリス，ドイツ，フランスより低く，アメリカとほぼ並ぶ低い水準にある。

CHAPTER **5** 財政

第6章 世界経済

●過去問研究

基本はやっぱり「米中欧」

　世界経済の出題の基本的内容は，実質GDP成長率をはじめとする主要国の経済指標についての記述。この「主要国」の中身だが，経済大国である**アメリカと中国が群を抜いて多く登場してきた**。次いで出題が多い国・地域は，ユーロ圏ならびにユーロ圏諸国（ドイツ，イタリアなど）。そしてイギリスと，欧州勢が並んでいる。

　令和3年度の専門試験でも，国家総合職では「アメリカ，ユーロ圏，イギリス，中国」が，国家一般職では「アメリカ，ユーロ圏，中国」が，国税・財務専門官では「アメリカ，ユーロ圏」がそれぞれ取り上げられた。

　最近の注目株は新興国。中国に加え，インドやロシアなどの新興国が世界経済に占める割合は上昇している。新興国が存在感を増していくのに比例して，出題も増えていくのは当然だ。

　令和2年度の国家総合職の専門試験では，複数の新興国（インド，ロシア，トルコ，ブラジル，アルゼンチン）が出題対象となった。

国当てクイズもちらほら

　世界経済でときおり出題されるのが，数値や記述がどの国・地域に該当するかを問う「国当てクイズ型」問題。国・地域名の正しい組合せを選ばせるのが一般的だ。

　この出題パターンは，令和3年度の国家総合職の専門試験や，令和元年度と令和2年度の国税・財務専門官の専門試験で見られた（取り上げられた国の組合せは，それぞれ順に「インドネシア，韓国，フィリピン，シンガポール，タイ」「ブラジル，中国，ドイツ，インド」「アルゼンチン，ロシア，アメリカ，イギリス，（タイ，スペイン）」）。

　出題対象国は多岐にわたっている。注意が必要だ。

> **どこが出るの？**
>
> 　世界経済の出題のネタ元となる可能性が高いのが『通商白書2021』。同白書で経済状況が詳しく取り上げられている国・地域は，アメリカ，ユーロ圏，中国。主眼はやはりこれら頻出の3か国・地域だ。
>
> 　このほか，警戒すべきは「国当てクイズ問題」。過去問での出題対象もけっこう幅広い国・地域に及んでいる。次ページの表を参照しておきたい。

各国の主な経済指標

 ここに注目　公務員試験に出そうな世界各国・地域についての主な経済指標の一覧表。丸暗記する必要はないが，比較しながら，おおよその数値をつかんでおけばきっと役に立つ！

2020年	1人当たり名目GDP（ドル）	実質GDP成長率（%）	失業率（%）	消費者物価上昇率（%）
アメリカ	63400	▲3.4	8.1	1.2
ユーロ圏	38000	▲6.4	7.9	0.2
ドイツ	46200	▲4.6	3.9	0.5
フランス	40300	▲7.9	8.0	0.5
イタリア	31600	▲9.0	9.2	▲0.2
スペイン	27200	▲10.8	15.5	▲0.3
イギリス	40400	▲9.7	4.5	0.9
ロシア	10100	▲3.0	5.8	3.4
中国	10500	2.2	5.6	2.5
韓国	31600	▲0.9	3.9	0.5
台湾	28400	3.1	3.9	▲0.2
インド	1900	▲7.3	―	6.2
インドネシア	3900	▲2.1	7.1	2.0
タイ	7200	▲6.1	―	▲0.8
シンガポール	59800	▲5.4	3.0	▲0.2
フィリピン	3300	▲9.6	10.4	2.6
ベトナム	3500	2.9	2.5	3.2
ブラジル	6800	▲3.9	13.2	3.2
メキシコ	8400	▲8.2	4.4	3.4
アルゼンチン	8600	▲9.9	11.6	42.7
日本	40100	▲4.5	2.8	0.0

（インドは2020年度。2021年12月の内閣府資料による。）

 コロナショック

　2020年，新型コロナウイルスの感染は，震源地の中国から世界中に拡大。全世界で経済が低迷する前代未聞の経済危機（コロナショック）を生じさせた。

　コロナショックでは，人の移動や接触・対面型のサービス消費が抑制され，同時に生産活動や物流が停滞。需給両面にショックがもたらされた。東日本大震災のような災害（供給性ショック）や世界金融危機（需要性ショック）とは違う特異的なショックだ。

CHAPTER 6 世界経済

アメリカの経済対策

暗記お助け

 ここに注目 コロナショックを受け，アメリカは積極的に経済対策を講じてきた。主な経済対策のポイントをまとめておこう！

2020年3月 コロナウイルス支援・救済・経済安全保障法（CARES法）（2.2兆ドル）

家計への現金給付：1人当たり最大1200ドル，子ども1人当たり500ドル

失業手当の拡充：給付金額上乗せ，給付対象をフリーランスや自営業者等に拡大，給付期間の延長

中小企業への支援：給与保護プログラム（＝従業員の雇用を維持した場合に返済が免除される中小企業向け融資）の実施

医療体制への支援

2020年12月 追加経済対策（0.9兆ドル）

家計への現金給付：1人当たり最大600ドル（子どもも同額）

失業手当の拡充：給付金額上乗せ，対象拡大措置の延長，給付期間の再延長

中小企業への支援：給与保護プログラムの再実施

ワクチン開発や検査費用への支援

2021年3月 アメリカ救済計画法（1.9兆ドル）

家計への現金給付：1人当たり最大1400ドル（2020年12月の給付と合わせて最大2000ドル）

失業手当の拡充：給付金額上乗せ，対象拡大措置の延長，給付期間の再延長

児童税額控除の拡大：児童税額控除額を引き上げ

中小企業への支援：飲食店向け支援等

ワクチン普及や検査体制強化への支援

2021年11月 インフラ投資法（1.2兆ドル）

輸送部門のインフラ整備：道路・橋，鉄道，EV（電気自動車）充電施設

非輸送部門のインフラ整備：水道，高速通信網，電力網

＊CARES法＝Coronavirus Aid, Relief, and Economic Security Actの略称。

＊家計への現金給付については，それぞれ所得制限が設けられた（一定所得以上の人については段階的に減額され，高所得者は給付対象外となる）。

中国の構造問題

中国経済は，世界に先駆けてコロナの影響をはねのけ，素早い回復を遂げた。ただし，今後の成長の足かせとなりうる構造的な問題を抱えていると『通商白書2021』は指摘。中国の課題を整理しておこう！

課題1　人口動態・少子高齢化

少子高齢化が進み，生産年齢人口はすでに2010年にピークを迎え，総人口も2030年以降は減少に転じる見通し

➡働き手（特に製造業の工場労働者）が不足し，高齢者の扶養負担等が問題となるおそれあり

課題2　雇用のミスマッチ

大学等の卒業生が急速に増加し，都市部新規就業者に占める比率が上昇

➡大卒者が能力に見合う十分な就業機会を得られない可能性あり

課題3　低い消費水準と高い貯蓄水準

GDPにおける民間最終消費のシェアが2000年代に縮小し，その後の回復も緩やかで，日本やアメリカに比べて低水準

GDPに対する貯蓄比率が日本やアメリカに比べて突出して高い

課題4　所得格差

制度的な所得再分配機能が不十分なことが一因で，地域間，都市・農村間，個人間の格差が大きい（省別の1人当たりGDPの差は最大で約5倍，都市・農村間の可処分所得の差は約2.6倍，個人のジニ係数は0.4を上回る水準で推移）

➡社会の不安定要因となるおそれあり

課題5　国有企業問題

大型国有企業の市場化や民営化の遅れ（政府方針は大型国有企業どうしの合併）

➡国有企業の独占が進み，競争が低下し，効率性を損なうおそれあり

課題6　金融リスクの存在

非金融企業の債務残高の拡大

住宅ローンを中心とする家計債務の急速拡大

2019年後半から銀行融資における不良債権比率が上昇

住宅市場はバブルの危険性

＊ジニ係数＝格差を測る指標の1つ。0〜1の値をとり，0に近いほど格差が小さく，1に近いほど格差が大きい（0.4が社会騒乱の「警戒ライン」といわれる）

 世界経済の予想問題1

No. 1　次の表は日本，アメリカ，ユーロ圏，中国の実質GDP成長率（上段）と失業率（下段）を示したものである。A，B，C，Dに該当する国・地域の組合せとして，妥当なのはどれか。

		2019年	2020年
A	成長率	6.0	2.2
	失業率	5.2	5.6
B	成長率	1.6	▲6.4
	失業率	7.6	7.9
C	成長率	2.3	▲3.4
	失業率	3.7	8.1
D	成長率	▲0.2	▲4.5
	失業率	2.3	2.8

（表の数値は%。2021年12月の内閣府資料に基づく）

	A	B	C	D
1	中　国	ユーロ圏	日　本	アメリカ
2	中　国	ユーロ圏	アメリカ	日　本
3	アメリカ	中　国	日　本	ユーロ圏
4	アメリカ	日　本	ユーロ圏	中　国
5	ユーロ圏	中　国	日　本	アメリカ

No. 2　世界経済に関する次の記述のうち，妥当なのはどれか。

1　IMFによると，世界の実質GDP成長率のマイナス幅は，2020年のほうが世界金融危機の影響を受けた2009年よりも小さかった。

2　2020年の先進国と新興国・発展途上国の実質GDP成長率を比べると，コロナの影響をより強く受けた新興国・発展途上国のほうが低水準だった。

3　WTI原油先物価格は，2020年11月以降下落傾向にあり，サウジアラビアが増産方針を示したことで2021年2月には1バレル30ドル台になった。

4　ユーロの対ドルレートを見ると，2020年夏頃から2021年1月頃までドル高基調となっていたが，2021年2月頃からはアメリカの長期金利が下落し，ドル安基調に転じた。

5　2020年のユーロ圏主要国の実質GDP成長率を比べると，ドイツよりもイタリアやスペインのほうが低水準だった。

No. 1　　　　　　　　　　　　　　　　　　　　　　　　　▷正答　2

　4つの国・地域について，それぞれの特徴を考えてみよう。

　Aの特徴は，成長率が他の3つよりも高く，何よりも2020年に唯一プラス成長となっていることである。こうした点に当てはまる国といえば，4つの国・地域のうちでは中国しかない。なお，失業率が5％台であることからも中国だと確認できる。

　Bの特徴は，2019年と2020年と連続して失業率が高くなっていること。この失業率の高さを考えると，ユーロ圏だろうと推測できる。また，Bの成長率は他国に比べて低めで，2020年には大幅なマイナスとなっている。この点からもユーロ圏だと確認できる。

　Cの特徴は，成長率が2020年にマイナスに転じていること，また2019年には比較的低かった失業率が2020年に大きく上昇していることである。このことからアメリカだとわかる。

　Dについては，成長率が低めで，失業率も低いことから，日本で矛盾はない。よって，正答は2となる。

No. 2　　　　　　　　　　　　　　　　　　　　　　　　　▷正答　5

1　2020年の成長率は2009年を大きく下回る水準となり，統計が開始された1980年以降で最低の成長率を記録した。

2　2020年の実質GDP成長率は，先進国と新興国・発展途上国ともにマイナスだったが，先進国のほうが低水準だった。

3　WTI原油先物価格は，2020年11月にワクチン開発の進展が報じられると景気回復期待も相まって上昇傾向となった。さらにサウジアラビアが自主減産する方針を示したことで2021年2月には60ドルを超えた。

4　2020年夏頃から2021年1月頃までは，景気回復期待などからユーロに向かう姿勢が強まり，ドル安基調となっていた。だが，2021年2月頃からはアメリカの長期金利が上昇し，ドル高基調に転じた。

5　**正解！**　2020年のユーロ圏の実質GDP成長率は，特に南欧諸国での下落幅が大きかった。

CHAPTER

6

世界経済

 世界経済の予想問題2

No. 3　中国経済に関する次の記述のうち，妥当なのはどれか。

1　新型コロナウイルスの感染拡大の影響を受け，2020年1-3月期から4-6月期の実質GDP成長率は前年同期比でマイナスとなったが，7-9月期と10-12月期にはプラスとなり，2020年の実質GDP成長率は5％を超えた。

2　2020年の実質GDP成長率に対する需要項目別の寄与度を見ると，最終消費がプラスに寄与した一方，総資本形成はマイナスに寄与した。また，輸出の大幅な落ち込みにより，純輸出の寄与はマイナスに転じた。

3　2020年1-2月には工業生産，固定資産投資，小売売上高ともに前年同月比での伸び率が大幅なマイナスに転じた。このうち，固定資産投資や小売売上高は回復が遅れ，2020年中，その伸び率は工業生産を下回った。

4　2020年の小売売上高の伸び率（前年同月比）は，年初に大きく落ち込んだ後，4月にはプラスに転じ，年間合計ではプラスとなった。特にネット販売が好調で，2020年の伸び率は前年に引き続き2ケタ成長となった。

5　2020年の輸出は，貿易摩擦の影響でアメリカ向けが大きく落ち込み，前年比の伸び率がマイナスとなった。一方，輸入は，アメリカからの輸入が大きく増え，前年比で10％を超える伸びとなった(輸出入ともドルベース)。

No. 4　アメリカ経済に関する次の記述のうち，妥当なのはどれか。

1　2020年の実質GDP成長率に対する需要項目別の寄与度を見ると，個人消費や政府消費支出の増加がプラスに寄与した一方，投資や輸出の減少はマイナスに寄与した。

2　2020年の四半期別の実質GDP成長率（季節調整済前期比）は，1-3月期に過去最大の落ち込みを記録し，その後も7-9月期にかけてマイナスで推移したが，個人消費が大きく増加した10-12月期にはプラスに転じた。

3　2021年1-3月期時点における実質GDPの水準は，コロナ感染が広がる直前の2019年10-12月期とほぼ並ぶ水準となり，およそ1年（5四半期）で落ち込んだ分を取り戻した。

4　非農業部門雇用者数は，コロナの影響で経済活動が制限され始めた2020年3月から減少し，その後は同年12月まで減少を続け，合計で3000万人以上の雇用が失われた。

5　2021年4月時点における雇用者数は，製造業ではコロナ感染拡大前を大きく下回る水準にある一方，政府による経済対策の恩恵を受けやすかった娯楽・飲食・宿泊といった業種では，コロナ感染拡大前の水準を5％程度下回るまでに持ち直した。

正答と解説

No. 3　　　　　　　　　　　　　　　　　　　　　▷正答　**3**

1　2020年で実質GDP成長率がマイナスとなったのは1－3月期のみである。4－6月期以降の成長率はプラスとなったが，2020年の成長率は2％台にとどまった。

2　2020年は，総資本形成がプラスに寄与して成長を主導した。一方，最終消費はマイナスに寄与した。純輸出は小幅ながらプラスに寄与した。

3　**正解！**　3者のうちで伸び率が最も早くプラスに転じたのは工業生産で，4月以降はプラスとなった。

4　2020年の小売売上高がプラスに転じたのは8月以降であり，年間合計の伸び率はマイナスだった。なお，ネット販売が2ケタ成長を維持した点は正しい（ただし，2020年の伸び率は2019年に比べて低下した）。

5　2020年の輸出は，アメリカ向けの伸び率がプラスに転じ，ヨーロッパ諸国等向けも好調で，前年比でプラスの伸び率となった。輸入は，アメリカからの輸入の伸び率はプラスに転じたものの，ヨーロッパ諸国等からの輸入が振るわず，伸び率が前年比でマイナスとなった。

No. 4　　　　　　　　　　　　　　　　　　　　　▷正答　**3**

1　2020年の個人消費は減少し，大きくマイナスに寄与した。なお，政府消費支出の増加のほか，輸入の減少もプラスに寄与した。投資，輸出の減少がマイナスに寄与した点は正しい。

2　2020年のアメリカの四半期別の実質GDP成長率（季節調整済前期比）は，1－3月期から4－6月期にかけてマイナスで推移した。過去最大の落ち込みとなったのは4－6月期である。個人消費，投資，輸出が増えて7－9月期にプラスに転じ，10－12月期もプラス成長だった。

3　**正解！**　ちなみに，2008年から2009年にかけての世界金融危機時には，落ち込んだ分を取り戻すのに2年半（10四半期）かかった。これと比べると，今回の回復ペースは順調といえる。

4　アメリカの非農業部門雇用者数は，2020年3月から2か月連続して減少した後は増加に転じた。この2か月間に失われた雇用は合計で2236万人だった。

5　「娯楽・飲食・宿泊といった業種」と「製造業」が逆である。コロナで接触・対面型の経済活動に対しては強い制限がかけられ，娯楽・飲食・宿泊の雇用は厳しい状況にある。

●過去問研究

保険制度改革は出題必至

　厚生の重要テーマは，年金，医療，介護の社会保険制度。基礎能力・教養試験では，社会，時事，政治で，専門試験では社会政策での出題が見られる。そのほか財政学や社会学でも出題されることがある。年金，医療，介護の各制度は，どこにでも登場しうるオールラウンド・プレーヤーであるといってよい。

　社会保険制度の出題で主に問われるのは各制度の仕組み。新たな制度が導入されたときには出題に備えておくのが得策だ。令和元年度の国税・財務専門官の専門試験では，これまでの年金制度改革の内容を問う出題があった。

　今年も注目は**年金制度**。2020年に年金制度改正法が成立。公的年金制度で短時間労働者への適用拡大や在職老齢年金制度の見直しなどが実施されることになったし，私的年金制度でも確定拠出年金の制度が改まった。今一度，改正内容を整理しておきたい。

　医療保険制度についても2019年と2021年に改正健康保険法等が成立。こちらも要注意だ。

少子化対策は欠かせない

　少子化は，高齢化とともに日本の将来をめぐる最大の懸念。今後も出題され続けることは間違いなく，あらゆる公務員試験で欠かせないテーマとなっている。

　問われるのは**政府の少子化対策**。今や少子化対策は，医療，介護，年金と並ぶ社会保障4分野の1つとなっている。2020年には，新たな「少子化社会対策大綱」が策定された。政府が目指す「希望出生率1.8」の実現に向けた施策でもあり，重要だ。

　このほか，**少子化の現状**にも注意。対策と併せて確認しておくとよい。

　政府は，子どもに関する政策の司令塔となる「こども家庭庁」の設置法案を2022年の通常国会に提出する予定。関連ニュースをチェックしておきたい。

感染症に注意！

　令和2年度の国家一般職［大卒］の基礎能力試験では，感染症を含む医療に関する問題が出題。コロナ感染症の出題に注意することはもちろんだが，選択肢が5つある以上，いっしょにほかの感染症が取り上げられる確率は高い。結核など日本で問題となっている感染症にも目を向けておこう。

医療保険制度を考える

ここに注目 改革が進められる医療保険制度。高齢化の進展を意識しながら勉強しておくことが大切！

● 医療保険制度の基礎知識

☐ **国民健康保険**‥‥自営業者や農林漁業従事者などが加入する医療保険。市町村，都道府県（2018年度から）が保険者となって運営する地域保険と，医師や土木建築業など同一の職業ごとに組織・運営されている組合保険がある。

☐ **被用者保険**‥‥いわゆるサラリーマンが加入する医療保険。民間企業の労働者には「健康保険」が，公務員などには「共済組合」がある。なお，大企業の雇用者は，企業単位で組織・運営される「健康保険組合（組合管掌健康保険）」に加入する。

国民医療費

国民医療費とは，日本の医療機関で保険診療の対象となる病気やけがの治療に使われた費用の総額。2019年度には，44兆3895億円にのぼった。また，1人当たりの国民医療費は35万1800円。どちらも過去最高を更新した。

2019年度の国民医療費の対GDP比は7.93％（前年度7.79％）。対国民所得比は11.06％（前年度10.79％）となった（2021年11月に厚労省が発表した数値）。

☐ **協会けんぽ**‥‥中小・零細企業の労働者などが加入する健康保険。正式名称は，全国健康保険協会。

☐ **後期高齢者医療制度**‥‥75歳以上の「後期高齢者」を対象とする独立した医療制度。財源は，公費負担が約5割，現役世代からの支援（後期高齢者支援金）が約4割，そして後期高齢者からの保険料が約1割となっている。

● 医療保険制度の改革

☐ **健康保険法**‥‥2021年の改正健康保険法等は，①**75歳以上で現役並み所得者ではないが一定所得以上の人について，窓口負担割合を2割に引き上げ**，②育児休業中の保険料の免除要件を見直し（月内に2週間以上の育児休業を取得した場合は当該月の保険料を免除，賞与にかかわる保険料については1か月を超える育児休業を取得している場合に限り免除の対象とする）。

2019年の改正健康保険法等は，①**被用者保険の被扶養者に国内居住要件を追加**，②**オンライン資格確認を導入**（マイナンバーカードを健康保険証として利用），③**医療情報化支援基金を創設**，④**75歳以上の高齢者の保健事業と介護予防の一体的な実施を規定**。

年金制度を考える

 年金制度について，まずは制度の基本的な仕組みを確認。制度改革についてもきちんとフォローしておこう！

● 公的年金制度の基礎知識

□ **国民年金**‥‥①**全国民が加入**，②**基礎年金を給付**，③**保険料は定額**。「国民年金」は老後の生活のもととなる「基礎年金」の給付を行う制度。「国民皆年金」制度の下，20歳以上60歳未満の全国民が加入し，保険料を支払う。保険料は定額（＝報酬に無関係）で，もらうときも定額だ。

□ **国民年金の受給**‥‥**国民年金をもらえるのは原則として65歳から**。60歳からもらうこともできるが，その場合，年金額は減額される。反対に，70歳（2022年4月からは75歳）まで受給を遅らせることも可能で，そのときは年金額がアップする。

□ **厚生年金**‥‥①**民間サラリーマンも公務員も「厚生年金」に加入**。②**保険料は「所得の一定割合」を「労使が折半」**。③**将来もらう年金は「報酬比例」**。国民年金との大きな違いは報酬比例であること。つまり，給料が高いと保険料は高いが，もらう年金は多くなる。保険料の半分は職場が負担する。

　なお，この報酬比例部分の支給開始年齢は，段階的に60歳から65歳へ引き上げられている（男性は2013～2025年度，女性は2018～2030年度）。

□ **日本年金機構**‥‥公的年金の運営業務を担う非公務員型の公法人。

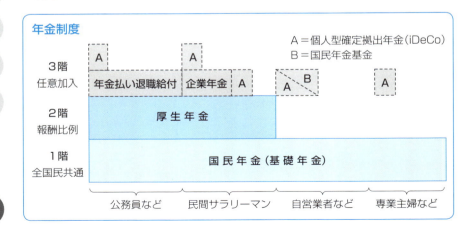

● 私的年金制度の基礎知識

- 企業年金・・・・企業が従業員を対象に実施する年金制度。厚生年金基金，企業型確定拠出年金，確定給付企業年金がある。

- 確定拠出年金・・・・決められた拠出額で加入者本人が運用方法を決め，運用結果に応じて年金を受け取る仕組み。企業・加入者が掛け金を出す「企業型」と加入者が掛け金を出す「個人型（iDeCo）」とがある。

- 国民年金基金・・・・自営業者などが任意で加入する上乗せ年金。都道府県ごとと業種ごとに組織・運営されている。

いったいいくらもらえるの？

国民年金の保険料は2021年度で月額1万6610円。一方，ちゃんと40年払ってきた人がもらう年金額は月額およそ6万5000円だ。夫婦ともに国民年金の加入者なら，倍のおよそ13万円になる。

ちなみに，平均的な賃金をもらってきた元サラリーマン夫婦の合計年金額（夫婦の基礎年金＋報酬比例部分）は，月額およそ22万円。報酬比例で多く支払った分，多くもらえる勘定だ。

● 年金制度の改革

- 年金制度改正法・・・・2020年成立。①短時間労働者を被用者保険（厚生年金・健康保険）の適用対象とすべき企業の範囲を拡大，②在職中の年金受給を見直し（60〜64歳の「在職老齢年金制度」を見直し，65歳以上の「在職定時改定」を導入），③年金の受給開始時期の選択肢を60歳から75歳の間に拡大，④確定拠出年金の加入可能要件を見直し。

- 年金改革法・・・・2016年成立。①公的年金制度の持続可能性を高め，将来世代の給付水準の確保を図るため，**年金額の改定ルールを見直し**（2018年度から社会情勢に合わせて年金の給付水準を自動的に調整する「マクロ経済スライド」を強化，2021年度から現役世代の賃金が物価より下がった場合には年金支給額も賃金低下に合わせて減額），②短時間労働者への社会保険の適用拡大を促進，③自営業者などについても産前産後期間の国民年金保険料を免除，④重要な方針にかかわる意思決定や執行機関の業務執行に対する監督を行う合議制の経営委員会をGPIF（年金積立金管理運用独立行政法人）に設置。

- 確定拠出年金法・・・・2016年の改正法は，①20歳以上60歳未満の希望者の個人型確定拠出年金（iDeCo）への加入を可能に，②中小企業対象の「簡易型確定拠出年金」を創設，③中小企業対象の「中小事業主掛金納付制度」を創設。

- 被用者年金一元化法・・・・2012年成立。2015年10月から，①**年金の2階部分を厚生年金に統一**（公務員や私学教職員も厚生年金に加入，保険料率や給付内容を一元化），②共済年金の3階部分（職域加算部分）を廃止。

- 年金生活者支援給付金法・・・・2012年成立。低所得の年金受給者に給付金を支給（消費税率10％への引き上げ時の2019年10月に施行）。

介護保険制度を考える

ここに注目　介護保険制度は高齢者の介護に欠かせない存在としてすっかり定着。制度の概要と法改正をきちんと整理しておこう！

● 介護保険制度の基礎知識

□**介護保険制度**‥‥**高齢者介護を社会全体で支える制度**。2000年に創設。40歳以上の国民から強制的に保険料を徴収し，要介護状態の人に介護サービスを提供する。給付費の**財源は保険料と公費**（国・都道府県・市町村の財政負担）。それぞれが５割ずつを受け持つ。

□**介護保険の保険料**‥‥**保険者は市町村**（特別区を含む）。保険料は，40～64歳の者は医療保険経由で負担。65歳以上の高齢者は，所得に応じて各市町村が定める額を負担する（自治体間で大きな差がある）。

□**介護保険の給付**‥‥介護保険の給付を受けるには市町村に申請し，**要介護・要支援の認定**を得ることが必要。認定されると，要介護度の程度に応じて，在宅ないしは施設で介護サービスを受けることができる。このとき，原則として**介護サービス費用の１割は利用者が自己負担する**（ただし，現役並みの高所得の利用者は３割負担，一定以上の所得のある利用者は２割負担）。

● 介護保険制度の改革

□**介護保険法**‥‥2020年の改正法は，①国・地方自治体の責務に**地域共生社会の実現に努める**ことを追加，②介護保険事業（支援）計画について，当該市町村の人口構造の変化の見通しを勘案して作成することや，記載事項に高齢者向け住まいの設置状況や介護人材確保・業務効率化の取組みを追加することを規定。

　2017年の改正法は，①市町村が自立支援・重度化防止に向けて取り組む仕組みを制度化，②介護と医療を一体的に提供する「**介護医療院**」を新設，③地域住民と行政等との協働による包括的支援体制づくりや「地域福祉計画」の策定を市町村に努力義務化，④現役並み所得のある利用者の負担割合を**３割に引き上げ**，⑤介護納付金に**全面総報酬割**を導入。

> **要介護度**
>
> 　要介護認定で要介護状態の度合いを表す区分。認定区分は，要支援（１と２の２段階）と要介護（１から５までの５段階）の７段階ある。数字が大きいほど要介護の度合いが重い。
>
> 　なお，要支援とは，要介護状態になるおそれがあり，家事や身の回りの支度などの日常生活に支援を必要とする状態をいう。

生活保護制度を考える

 ここに注目 生活保護制度について基本的な仕組みをチェック。併せて，生活保護に至る前の生活困窮者自立支援制度についても確認！

● 生活保護制度の基礎知識

☐ **生活保護制度**‥‥生活に困窮する国民に対し困窮の程度に応じて必要な保護を行い，**最低限度の生活を保障するとともに，自立を助ける制度**。憲法25条が定める「健康で文化的な最低限度の生活を営む権利」を国が最終的に保障する制度であり，「**社会保障の最後のセーフティネット**」といわれる。国の制度だが，運営は地方自治体。

生活保護受給者・受給世帯数

生活保護の受給者数は1995年を底に増加し，2015年3月に過去最多の約217万人を記録。その後は減少傾向にあり，2021年9月には約204万人となった。

一方，生活保護受給世帯は，2021年9月に約164万世帯。高齢者世帯は増加傾向，高齢者以外の世帯は減少傾向にある。

☐ **生活保護を受けるための要件**‥‥生活保護を受給できるのは，**資産，働く能力，年金・手当の給付や，親子間の扶養・援助など，すべてを活用してもなお生活に困窮する場合**。生活困窮者からの申請を受けて，福祉事務所は生活状況，資産，就労可能性，扶養の可否などの調査を行ったうえで，支給するかどうかを決定する。

☐ **生活保護費**‥‥**生活保護費は世帯単位で支給**。世帯の収入と国が定める保護基準で計算した「最低生活費」とを比べ，収入が最低生活費より少ないときに，差額分が生活保護費として支給される。生活保護費のうち，食費・被服費・光熱費など日常生活に必要な費用に充てるために支給されるのが「生活扶助」。年齢，世帯構成，居住地などで異なる基準額が定められている。

● 生活困窮者自立支援制度の基礎知識

☐ **生活困窮者自立支援制度**‥‥**生活保護に至る前の生活困窮者の自立を支援する制度**。実施主体は福祉事務所を設置している自治体。

☐ **生活困窮者自立支援制度の実施事業**‥‥「**自立相談支援事業**」と「**住居確保給付金の支給**」（離職で住宅を失った生活困窮者に家賃相当の給付金を支給）は自治体の必須事業。また，2018年の改正生活困窮者自立支援法は，「**就労準備支援事業**」と「**家計改善支援事業**」の実施を努力義務化した。このほか自治体は，「一時生活支援事業」（住居のない生活困窮者に一定期間宿泊場所や衣食を提供）や「子どもの学習・生活支援事業」などを実施する。

CHAPTER **7** 厚生

少子化問題を考える

ここに注目

人口減少社会を迎えた日本。政府も少子化対策に力を入れている。2020年には新たな「少子化社会対策大綱」が策定された。択一式対策だけでなく，論述や面接に備えて関連用語を押さえ，併せて因果関係を考察しておくのが吉！

● 少子化基本用語

□**合計特殊出生率**‥‥ 1 人の女性が生涯に何人の子どもを生むかの平均値。2.07以上だと人口の維持が可能。2020年の日本の合計特殊出生率は1.34。

□**待機児童**‥‥**保育所に入れずに待機させられている児童**。2021年 4 月現在の待機児童数は， 4 年連続で減少して5634人。

□**認定こども園**‥‥**就学前の子どもに教育・保育を一体的に行う施設**。地域の子育て支援機能も持ち，すべての子育て家庭を対象に相談に乗ったり，親子の集いの場を提供したりもする。

□**小 1 の壁**‥‥子どもが小学校に入学すると，学童保育の開所時間が短く，放課後に子どもを預けるところを見つけられず，母親などが仕事を辞めざるをえなくなること。

● 少子化対策関連用語

□**少子化社会対策大綱**‥‥2020年 5 月，政府は，新たな「少子化社会対策大綱」を策定。「**希望出生率1.8**」の実現を基本目標に掲げ，ライフステージに応じた少子化対策に大胆に取り組むとした。

　基本的な考え方として，①結婚・子育て世代が将来にわたる展望を描ける環境をつくる，②多様化する子育て家庭のさまざまなニーズに応える，③地域の実情に応じたきめ細かな取組みを進める，④結婚，妊娠・出産，子供・子育てに温かい社会をつくる，⑤科学技術の成果など新たなリソースを積極的に活用する，の 5 つを示し，具体的施策の数値目標も定めた。

 出生率低下の要因は？

　日本の出生率低下の要因として挙げられるのは，未婚率の上昇，晩婚化，夫婦出生児数の減少。日本では婚外子が少なく，出生率は結婚行動とその後の動向に大きくかかわっている。

　出産期を迎える世代の未婚率は1980年代から上昇傾向。2015年には25〜29歳の女性の約61%，30〜34歳の女性の約35%が結婚していない。女性の平均初婚年齢も29歳を超えている。

　なお，結婚した夫婦からの最終的な出生児数（完結出生児数）も2015年には1.94人となり， 2 人を割り込んでいる。

□**子ども・子育て支援法**‥‥2021年の改正法は，①**子育て支援に積極的に取り組む事業主に対する助成制度を創設**，②0〜2歳児の保育所等運営費のうち，一般事業主から徴収する拠出金の割合を引き上げる等。

□**新子育て安心プラン**‥‥**全国の待機児童を解消するためのプラン**。2020年12月策定。2021年度から2024年度末までの4年間で約14万人分の保育の受け皿を整備すると定めた。

□**新・放課後子ども総合プラン**‥‥**就学児童の放課後の活動に対する支援策**。厚労省所管の「放課後児童クラブ（学童保育）」を，2021年度末までに約25万人分整備し，2023年度末までに約30万人分に増やす（受け皿の合計は約152万人分）。文科省所管の「放課後子供教室」との一体的な整備も進める。

□**児童手当**‥‥中学校卒業までの子どもを養育する者に対して一定額の手当を支給する仕組み。2022年10月から高所得者は支給対象外となる。

□**次世代育成支援対策推進法**‥‥**次世代育成支援のための行動計画の策定を企業（従業員101人以上）や地方自治体に義務づけ**。2014年の改正法は，①有効期限を2025年度まで延長，②優良企業への厚労大臣による特例認定制度（くるみん認定）を創設。

● 少子化進展の背景とその影響

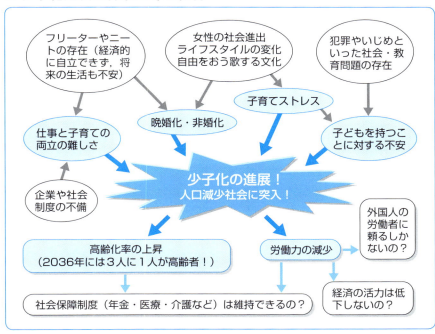

 **厚生の基礎問題**

No. 1　日本の少子高齢化に関する次の記述のうち，妥当なのはどれか。
1　2020年の合計特殊出生率は1.24で，前年よりも一段と低下し，過去最低となった。
2　日本の合計特殊出生率はアメリカやフランスよりも高い。
3　2015年の50歳時の未婚率は，男性では2割を超え，女性では1割を超えている。
4　高齢化の進展により，2020年には国民の3人に1人以上が65歳以上の高齢者となった。
5　日本は世界で最も高齢化が進んでいるが，15歳未満の年少人口比率で見ると，日本よりも少子化が進んでいる国がある。

No. 2　少子化対策に関する次の記述のうち，妥当なのはどれか。
1　2021年4月時点における待機児童数は，前年より増加して2万人を超えた。
2　2020年の「新子育て安心プラン」は，2021～2024年度の4年間で約14万人分，保育の受け皿を拡大すると定めた。
3　「放課後児童クラブ」とは，地域住民の参画を得て，放課後にすべての児童を対象として学習や体験・交流活動などを行う事業である。
4　2021年の改正児童手当法は，児童手当の支給対象に所得制限を設け，所得が一定額以上の者に対しては手当を減額すると定めた。
5　次世代育成支援法は，すべての企業に次世代育成支援のための行動計画の策定を義務づけている。

No. 3　医療や自殺に関する次の記述のうち，妥当なのはどれか。
1　2019年の改正医薬品医療機器等法は，薬剤師による継続的な服薬指導を義務化し，またテレビ電話等によるオンライン服薬指導を可能とした。
2　2019年度の国民医療費は100兆円を超えた。財源別構成比は，国と地方の公費が約70％，保険料が約20％，患者負担が約10％となっている。
3　2020年10月，「おたふくかぜ（流行性耳下腺炎）」が定期の予防接種の対象に追加された。
4　2020年の日本の死因の上位3つは，がん，心疾患，肺炎である。
5　2020年の自殺者数は2万人を下回り，11年連続の減少となった。

No. 1　　　　　　　　　　　　　　　　　　　　▷正答　**3**

1　過去最低の1.26を記録したのは2005年。2020年は前年の1.36より低下して1.34となった。

2　日本の合計特殊出生率はアメリカやフランスに比べ低い。

3　**正解！**　1970年には男性1.7％，女性3.3％であったが，2010年には男性20.1％，女性10.6％，2015年には男性23.4％，女性14.1％と上昇した。

4　高齢化率は28.8％で，まだ国民の3人に1人以上にはなっていない。

5　日本の15歳未満の年少人口比率は世界最低である。したがって，日本は世界で最も少子高齢化が進んだ国である。

No. 2　　　　　　　　　　　　　　　　　　　　▷正答　**2**

1　待機児童数は前年より減少して過去最少の5634人となった。

2　**正解！**　受け皿拡大の財源は，児童手当の見直し分と事業主拠出金とでまかなう。

3　「放課後児童クラブ」とは，保護者が仕事などで昼間家庭にいない児童を対象に，放課後に学校の余裕教室や児童館などを利用して遊びや生活の場を提供する事業である（厚労省所管）。問題文は，「放課後子供教室」に関する説明である（文科省所管）。

4　2021年の改正法は，所得が一定額以上の者について児童手当の支給の対象外とすると定めた。

5　行動計画の策定が義務づけられているのは「従業員101人以上」の企業である（従業員100人以下の企業は努力義務）。

No. 3　　　　　　　　　　　　　　　　　　　　▷正答　**1**

1　**正解！**　薬剤師による服薬指導については，改正前は直接の対面によるものだけを認めていた。改正により，一定のルールの下でテレビ電話などによるオンライン服薬指導も認められるようになった。

2　2019年度の国民医療費は約44兆円。財源別の構成比は，公費が38.3％（国は25.4％，地方は12.8％）で，保険料が49.4％，患者負担が11.7％である。

3　2020年10月に追加されたのは「ロタウイルス感染症」（乳幼児期にかかりやすい急性の胃腸炎）である。2021年末現在，「おたふくかぜ」は定期接種の対象ではない。

4　第3位は肺炎ではなく，老衰である（肺炎は第5位）。

5　2020年の自殺者数は11年ぶりに増加し，2万1081人となった。

No. 4 医療に関する次の記述のうち, 妥当なのはどれか。

1　2018年度から, 都道府県は, 市区町村に代わり, 国民健康保険における資格管理, 保険料の賦課徴収, 保健事業の実施などを担っている。

2　2019年の改正健康保険法等は, 被用者保険の被扶養者の認定手続きを厳格化し, 「日本国内に住所を有するもの」を要件として定め, いかなる例外も設けないこととした。

3　2019年の改正健康保険法等は, 患者の被保険者資格の確認について, 一定規模以上の医療機関にマイナンバーによる「オンライン資格確認」の導入を義務づけた。

4　2021年の改正健康保険法等は, 「全世代対応型の社会保障制度」を構築するため, 75歳以上を対象とする後期高齢者医療における被保険者すべてについて, 窓口負担割合を1割から2割に引き上げると定めた。

5　2021年の改正医療法等は, 時間外労働の上限規制が2024年4月から医師にも適用されることを受け, 長時間労働の医師に対する労働時間の短縮や健康確保のための措置を整備した。

No. 5 2020年の年金制度改正法に関する次の記述のうち, 妥当なのはどれか。

1　短時間労働者を被用者保険の適用対象とすべき事業所の企業規模要件について, 2022年に50人超規模へ, 2024年には100人超規模へと段階的に引き上げると定めた。

2　高年齢者の就労を促進するため, 60歳以上の老齢厚生年金受給者を対象とする「在職老齢年金制度」について, 2022年3月31日をもって廃止すると定めた。

3　65歳以上の在職中の老齢厚生年金受給者について, 「在職定時改定制度」を導入し, 年金額を毎年10月に改定すると定めた。

4　高年齢者の就労が拡大している現状にかんがみ, 個人が選ぶことのできる公的年金の受給開始時期について, 改正前の「60歳から70歳の間」から「65歳から75歳の間」に引き上げると定めた。

5　設立手続きを簡素化した「簡易型確定拠出年金」を設立できる事業所について, 一定以下の従業員規模に限っていた要件を撤廃し, すべての企業に拡大した。

No. 4 ▷正答 **5**

1　問題文にあるのは<u>市区町村が担う責務</u>である。都道府県は，国民健康保険の財政運営の責任主体となり，安定的な財政運営や効率的な事業運営の確保等で中心的な役割を担う。

2　<u>留学中の学生や外国赴任に同行する家族などは例外</u>となる。改正法によると，日本国内に住んでいなくても，日本国内に生活の基礎があると認められる人は被扶養者に該当する。

3　改正法は，マイナンバーによる「オンライン資格確認」の導入を定めているが，<u>医療機関に導入を義務づけているわけではない</u>。

4　後期高齢者医療の被保険者のうち，<u>現役並み所得者以外でも一定所得以上</u><u>の者</u>について，窓口負担割合を 2 割にすると定めた。なお，現役並み所得者は改正前から 3 割負担である。

5　**正解！**　医療機関における医師の労働時間短縮計画の作成や，医師の健康確保措置（面接指導，連続勤務時間制限，勤務間インターバル規制等）の実施などを定めた。

No. 5 ▷正答 **3**

1　改正法は，短時間労働者の被用者保険への適用を拡大するため，対象とすべき企業規模要件について，2022年に100人超規模へ，2024年に50人超規模へと段階的に<u>引き下げる</u>と定めた。

2　改正法が定めたのは，<u>60 ～ 64歳を対象とする「在職老齢年金制度」につ</u><u>いての見直し</u>（支給停止とならない範囲を拡大）である。制度自体の廃止を定めたものではない。

3　**正解！**　改正により，働いて納めた保険料が早めに年金額に反映されるようになる。

4　改正法は，改正前に「60歳から70歳の間」と定められていた公的年金の受給開始時期を「60歳から75歳の間」に変更する（上限を75歳に引き上げる）こととした。

5　改正法が定めたのは，中小企業向けの「簡易型確定拠出年金」を設立できる事業所の対象範囲を「従業員100人以下」から「従業員300人以下」に拡大<u>する</u>ことである。すべての事業所を対象としたわけではない。

No. 6　介護や社会福祉に関する次の記述のうち，妥当なのはどれか。

1　介護保険制度では，介護保険サービスの受給者は65歳以上の高齢者に限られており，公費以外の財源となる保険料の負担者は40歳から64歳までの国民である。

2　介護保険制度における介護サービス利用者は着実に増加している。2020年4月のサービス利用者数は，介護保険制度開始当時の2000年4月に比べ，10倍以上に増加した。

3　世代間・世代内の公平性を確保しつつ，介護保険制度の持続可能性を高めるため，介護サービス利用者の自己負担割合は，2018年8月以降，一律3割に引き上げられている。

4　2020年の改正社会福祉士・介護福祉士法は，介護現場で中核的な役割を担う「介護福祉士」の資質を向上させるため，介護福祉士養成施設の卒業者について，国家試験の受験を新たに義務づけ，国家試験に合格することを介護福祉士の資格を得るための要件と定めた。

5　2021年の改正障害者差別解消法は，障害者に対する社会的障壁を除去するための「合理的配慮」の提供を民間事業者にも義務づけた。

No. 7　日本の感染症に関する次の記述のうち，妥当なのはどれか。

1　2020年，新型コロナウイルス感染症は，コロナウイルスによる感染症としては初めて，感染症法上の指定感染症とすることが政令で定められた。

2　MERS（中東呼吸器症候群）は，中東地域を中心に発生している重症呼吸器感染症であり，日本でも2015年に輸入例による患者が発生した。日本政府は，MERS流行国への渡航者に対し，ワクチンの接種を推奨している。

3　結核は，BCGワクチン接種の普及などにより，患者数や罹患率が順調に減少してきた。それでもまだ2020年の新登録患者数は1万人を超えており，依然として結核は日本の主要な感染症の1つである。

4　2015年，WHO西太平洋事務局は，日本が風しんの排除状態にあることを認定した。排除後，風しんについては，海外からの輸入例と輸入例からの感染事例のみを認める状況となっている。

5　子宮頸がん予防ワクチン（ヒトパピローマウイルスワクチン）は，広範な慢性の痛みや運動障害などの副反応症例が接種後に頻発したことから，2021年末現在，定期の予防接種の対象外となっている。

No. 6

1　介護保険サービスは，65歳以上の人は原因を問わず要支援・要介護状態となったときに，<u>40～64歳の人も老化による特定の病気が原因で要支援・要介護状態となったときに受けられる</u>。また，保険料は，<u>65歳以上の国民も所得に応じて負担</u>しなければならない。

2　2020年4月の介護サービス利用者数は，2000年4月（149万人）の<u>3.3倍</u>の494万人に達した。

3　利用者の自己負担割合は<u>原則1割</u>だが，2015年以降，一定以上の所得がある利用者については2割に引き上げられた。さらに2018年以降，<u>2割負担者のうち，特に所得の高い利用者の自己負担が3割に引き上げられた</u>。

4　介護福祉士養成施設の卒業者については，<u>国家試験に合格しなくても介護福祉士資格を得られる経過措置がとられてきた</u>。2020年の改正社会福祉士・介護福祉士法は，<u>これをさらに5年間延長すること</u>を定めた。

5　**正解！**　「合理的配慮」の提供とは，負担が重くなりすぎない範囲で，障害者にとっての社会的障壁を取り除くこと。改正前，国や自治体には義務づけられていたが，民間事業者には努力義務とされていた。

No. 7

1　コロナウイルスによる感染症としては，<u>2003年にSARS（重症急性呼吸器症候群）が，2014年にMERS（中東呼吸器症候群）が「指定感染症」に定められた</u>。

2　2021年末現在，<u>MERSの日本での発生例はない</u>。また，特別な治療法やワクチンは存在していない。

3　**正解！**　2020年7月以降，日本での結核患者数が多い国（フィリピン，ベトナム，中国，インドネシア，ネパール，ミャンマー）出身の中長期在留希望者に対し，「入国前結核スクリーニング」を順次実施している。

4　問題文は，風しんではなく，麻しん（はしか）についての記述である。風しんは，近年では2018～2019年に流行し，2019～2020年には先天性風しん症候群の子どもが生まれる事例も生じた。

5　子宮頸がん予防ワクチンの副反応については，定期接種を中止するほどリスクが高いとは評価されておらず，<u>子宮頸がん予防ワクチンは定期の予防接種の対象とされてきた</u>。加えて，2021年11月，厚労省は，2013年6月以降取りやめていた「積極的な勧奨」を2022年4月に再開するよう自治体に通知した。

●過去問研究

注目は働き方改革

　2019年以降，「**働き方改革関連法**」が順次施行。労働制度を抜本的に改革する内容となっており，話題性もあるだけに，出題可能性は高い。

　働き方改革に関連する選択肢は，平成30年度の国家総合職の基礎能力試験に早くも登場していたが，令和元年度の国家一般職［大卒］の基礎能力試験や令和2年度と3年度の国税・財務専門官の専門試験でも取り上げられた。また，令和元年度の東京都［Ⅰ類A］，特別区［Ⅰ類］では働き方改革関連法の内容を問う出題があった。

　試験対策では，働き方改革関連法が定めた**新たな制度の把握**は不可欠。なかでも労働時間制度については「勤務間インターバル制度」「高度プロフェッショナル制度」など新しい用語が登場した。出題を前提に今一度チェックしておこう。加えて，労働時間や非正規雇用の状況など，**改革法がらみの現状**も併せて確認しておくとよいだろう。

雇用対策はきめ細かく

　労働では「雇用対策」が欠かせないテーマ。政府が実施する雇用対策は多岐にわたっている。対象者で分けてみても，高齢者，女性，若者，障害者向けなど，多種多様だ。

　このうち，公務員試験によく出されてきたのが**高年齢者の雇用対策**。高年齢者雇用安定法が改正されて以来，その内容を問う選択肢がさまざまな試験に登場してきた。2020年には，70歳までの就業支援を盛り込んだ改正高年齢者雇用安定法が成立。高齢者の雇用対策は今後も要注意だ。

　また，政府は**若者の雇用対策**にも重点的に取り組んでいる。さらに，「**女性の活躍**」も重要課題とし，女性の就業率アップも目指している。

　雇用対策同様，試験対策もきめ細かく進めておきたい。

ほかに出そうなテーマは？

　「育児・介護休業」関連のテーマにも注意。2021年に改正法が成立し，育児・介護休業制度が改まったからだ。

　育児・介護休業は，政府が目標とする「希望出生率1.8」「介護離職ゼロ」の実現に向けた施策でもある。注目度は高い。

多様化する働き方

 ここに注目　日本人の働き方は多様化している。論述や面接も念頭に，関連用語を一気におさらいだ！

● 非正規雇用

☐ **派遣労働者**‥‥派遣元の企業に雇われ，ほかの企業（派遣先企業）で働く労働者。労働者派遣法で派遣期間の上限などが定められている。

☐ **有期労働契約**‥‥**期間の定めがある労働契約**。契約期間の上限は原則3年（高度の専門的知識・技術を持つ労働者や60歳以上の高齢者は5年）。

 無期転換ルール

有期の労働契約が反復更新されて通算5年を超えた場合，労働者の申込みにより，期間の定めのない労働契約（無期労働契約）に転換できるルール。改正労働契約法に基づき，2018年4月以降，本格的に実施。

● 新しい働き方

☐ **テレワーク**‥‥ICT（情報通信技術）を利用した時間や場所を有効に活用できる柔軟な働き方。政府は，「雇用型テレワーク」と「自営型テレワーク」のそれぞれについてガイドラインを定め，普及促進を図っている。

☐ **副業・兼業**‥‥政府は「モデル就業規則」において**副業・兼業を原則として容認**。ガイドラインも定め，普及促進を図っている。

☐ **高度プロフェッショナル制度**‥‥**特定高度専門業務・成果型労働制**。一定の年収以上で特定の高度専門職を対象に，労働基準法上の労働時間，休日，深夜の割増賃金等の規定を適用除外とする制度。健康確保措置や本人の同意などを要件として2019年4月から導入が可能となった。

☐ **勤務間インターバル制度**‥‥**終業から次の始業までの間に一定の休息時間を確保する制度**。労働者が生活や睡眠に充てる時間を確保でき，ワーク・ライフ・バランスの実現にも資すると期待されている。2019年4月以降，制度導入は事業主の努力義務となった。

☐ **フレックスタイム制**‥‥一定の期間について，あらかじめ定めた総労働時間の範囲内で，**労働者が日々の始業・終業時刻や労働時間を自分で決められる制度**。日々の都合に合わせて，働く時間を調整できるため，労働者はワーク・ライフ・バランスを実現しやすくなる。2018年の働き方改革関連法は，フレックスタイム制の「**精算期間**」（フレックスタイム制で働く期間）の上限を「**1か月**」から「**3か月**」に延長し，労働者の都合に応じてより柔軟に働けるよう改めた。

育児・介護休業

育児・介護休業は，仕事と家庭の両立支援策。育児休業は少子化対策でもある。制度の基礎知識とともに2021年の改正法の内容を整理！

● 育児・介護休業制度の基礎知識

☐ **育児休業**‥‥原則として子どもが1歳に達するまでの間，労働者に保障されている休業制度。ただし，保育所に入れない場合などは，最長で2歳まで延長できる。

　育児休業中は，社会保険料（健康保険や厚生年金保険）の支払いは免除される。また，育児休業開始から180日目までは休業開始前の賃金の67％，その後は50％に当たる育児休業給付が受けられる。

☐ **パパ・ママ育休プラス**‥‥父母ともに育児休業を取得する場合，原則として子が1歳までとされている休業可能期間が，1歳2か月に達するまでに延長される。

☐ **介護休業**‥‥**家族を介護・看病するための休業制度**。要介護状態にある対象家族1人につき，通算93日まで3回を上限に分割して取得できる。

　介護休業中は，休業開始前の賃金の67％に当たる介護休業給付を受けられる。ただし，育児休業とは異なり，社会保険料の免除はない。

ワーク・ライフ・バランス

　働き方を考えるキーワードとして近年よく耳にするのが，ワーク・ライフ・バランス（仕事と生活の調和）。これについては，関係大臣，経済界・労働界・自治体の代表などが集まった「官民トップ会議」が，「仕事と生活の調和憲章」と「行動指針」を定めている。

　憲章によると，仕事と生活の調和が実現した社会とは，①就労による経済的自立が可能，②健康で豊かな生活のための時間が確保できる，③多様な働き方・生き方が選択できる，という3つの条件を満たすこと。

　政府は，ワーク・ライフ・バランスを推進するため，「カエル！ジャパン」キャンペーンを展開している。シンボルマークはもちろん「蛙」だ。

● 育児・介護休業法

☐ **育児・介護休業法**‥‥2021年の改正法は，①男性の育児休業取得を促すために「産後パパ育休」（出生時育児休業）を創設，②育児休業を取得しやすい雇用環境の整備と，妊娠・出産の申出をした労働者に対する個別の周知・意向確認を事業主に義務づけ，③育児休業は分割して2回まで取得可能，④従業員1000人超の大企業に対し，育児休業の取得の状況の公表を義務づけ，⑤有期雇用労働者の育児・介護休業取得要件を緩和。

労働分野の重要法律

 労働分野では法律の内容が出題されることもしばしば。試験に出そうな法律を一挙にまとめておこう！

□**雇用保険法等**‥‥2020年の改正法（改正高年齢者雇用安定法，改正労働施策総合推進法等を含む）は，①**65歳から70歳までの高年齢者就業確保措置をとることを企業の努力義務と規定**（定年引き上げ，継続雇用制度の導入，定年廃止，労使で同意したうえでの雇用以外の措置の導入のいずれか），②65歳から70歳までの高年齢者就業確保措置の導入に対する支援を雇用保険における雇用安定事業に位置づけ，③複数就業者の労災保険給付を拡充，④複数の企業に雇用される65歳以上の労働者に雇用保険を適用，⑤**大企業に中途採用比率の公表を義務づけ**，⑥育児休業給付を失業等給付の財政から独立して運営すると規定。

□**労働施策総合推進法等**‥‥2019年の改正法（改正男女雇用機会均等法や改正育児・介護休業法も含む）は，①国が取り組むべき施策にハラスメント対策を明記，②パワハラ（パワーハラスメント）の要件を規定，③事業主に**パワハラ防止のための雇用管理上の措置をとることを義務づけ**，④**事業主にパワハラやセクハラ等の相談をした労働者について解雇やその他の不利益取扱いを禁止**，⑤他の事業主からのセクハラ防止の措置義務の実施に関し必要な協力を求められた場合，事業主にそれに応じる努力義務を規定。

□**障害者雇用促進法**‥‥2019年の改正法は，①国や地方自治体の責務として**率先して障害者を雇うよう努める**と規定，②厚労省による国・地方自治体に対する障害者の雇用状況の報告徴収や不適切な場合の勧告を規定，③国・地方自治体や民間事業主に確認書類の保存を義務づけ，④短時間であれば就業可能な障害者を雇用した事業主に支給する特例給付金を創設。

□**働き方改革関連法**‥‥2018年成立。①**時間外労働の上限を原則として月45時間，年360時間に規制**，②1人1年当たり**5日間の年次有給休暇の取得を義務づけ**，③「**勤務間インターバル**」制度の導入を努力義務化，④月60時間を超える残業に支払われる割増賃金率についての中小企業への猶予措置を廃止，⑤「**高度プロフェッショナル制度**」を新設（健康確保措置を義務化），⑥**非正規雇用労働者と正規雇用労働者の間の不合理な待遇差を解消するための規定**を整備，⑦非正規労働者に対する待遇の説明義務を強化，⑧行政による履行確保措置や裁判外紛争解決手続（行政ADR）を整備。

 **労働の基礎問題**

No. 1　日本の労働政策に関する次の記述のうち，妥当なのはどれか。

1　2018年の働き方改革関連法は，時間外労働の上限を原則として月60時間，年480時間と定めた。

2　2018年の働き方改革関連法は，10日以上の年次有給休暇が与えられる労働者に5日間の年次有給休暇を取得させることを企業に義務づけた。

3　2018年の働き方改革関連法は，「勤務間インターバル制度」の導入を企業に義務づけた。

4　厚労省が作成した「モデル就業規則」は，「労働者は，許可なく他の会社等の業務に従事しないこと」と定め，副業・兼業を原則禁止としている。

5　男女雇用機会均等法は，妊娠・出産等を理由とする解雇を禁止しているが，同じ理由による降格や減給までは禁止していない。

No. 2　育児・介護休業に関する次の記述のうち，妥当なのはどれか。

1　育児休業は，最長で子どもが3歳に達するまで延長可能である。

2　介護休業を取得する労働者は，休業開始前の賃金に相当する介護休業給付を受けることができる。

3　2020年に策定された新たな「少子化社会対策大綱」は，男性の育児休暇取得率を2025年までに80%にするとの数値目標を掲げている。

4　2021年の改正育児・介護休業法は，父親が子どもの出生後8週間以内に4週間まで取得できる育児休業の枠組みを創設した。

5　2021年の改正育児・介護休業法は，すべての事業主に対し，育児休業の取得状況についての公表を義務づけた。

No. 3　日本の労働統計に関する次の記述のうち，妥当なのはどれか。

1　役員を除く全雇用者に占める非正規雇用労働者の割合は近年上昇傾向にあり，2020年には過半数に達した。

2　2020年の労働者1人当たりの年間総実労働時間（事業所規模5人以上）は2000時間を超え，8年連続で増加した。

3　2020年の労働者1人当たりの平均年次有給休暇取得率は，50%を上回る水準となっている。

4　2020年度の育児休業取得率は，女性では90%を超えているが，男性では5%に満たない。

5　学校卒業後にパートやアルバイトなどに従事するフリーターは，2020年には前年より増加し，その数は300万人を超えた。

正答と解説

No. 1　　　　　　　　　　　　　　　　　　　　▷正答　2

1　働き方改革関連法が定めた時間外労働の上限は，原則として月45時間，年360時間である。

2　**正解！**　企業は，労働者の希望を聴き，それを踏まえて時季を指定し，年5日の年次有給休暇を取得させなければならない。

3　働き方改革関連法は，「勤務間インターバル制度」の導入を企業の努力義務とした（義務づけではない）。

4　2018年の改定で問題文にある規定は削除され，「労働者は，勤務時間外において，他の会社等の業務に従事することができる」との規定が設けられた（副業・兼業を原則として容認）。

5　男女雇用機会均等法は，妊娠・出産等を理由とする解雇やその他の不利益取扱い（降格，減給，不利益な配置の変更など）を禁止している。

No. 2　　　　　　　　　　　　　　　　　　　　▷正答　4

1　保育所に入れないなどの事情があれば，育児休業は最長で子どもが2歳に達するまで延長可能である。

2　介護休業では，休業開始前の賃金の67％に当たる介護休業給付が受けられる。

3　「少子化社会対策大綱」が掲げているのは，男性の育児休暇取得率を2025年までに30％にすることである。

4　**正解！**　厚労省は「産後パパ育休」と呼んでいる。分割して2回取得できる。

5　育児休業の取得状況の公表が義務づけられたのは，従業員1000人超の大企業である。

No. 3　　　　　　　　　　　　　　　　　　　　▷正答　3

1　非正規雇用労働者の割合は2020年で約4割である。

2　2020年の労働者1人当たりの年間総実労働時間は1621時間となり，8年連続で減少した。

3　**正解！**　年次有給休暇取得率は，2017年に5割を上回るようになり，2020年には過去最高の56.6％となった。

4　2020年度の育児休業取得率は，女性が81.6％，男性が12.65％である。

5　2020年のフリーター数は，前年より2万人減少し，136万人だった。

No. 4　日本の労働統計に関する次の記述のうち，妥当なのはどれか。

1　非正規雇用労働者は，2020年には11年ぶりに前年より減少し，2090万人
となった。非正規雇用を選んだ理由として「正規の仕事がないから」を挙
げた者（不本意非正規）の比率は，2020年には11％台だった。

2　女性の年齢階級別労働力率を折れ線グラフに描くとM字カーブになる。
結婚や子育てをしている女性雇用者は離職が容易な非正規雇用を選びやす
く，近年はそのカーブの落ち込みがより深くなっている。

3　15〜24歳層の完全失業率は2020年に大幅に低下し，年平均で2％台と
なった。一方，2021年3月卒業の新卒者の就職内定率は，大学卒では4月
1日時点で前年同期よりやや上昇して約88％となった。

4　2020年6月時点の民間企業における障害者の雇用者数は17年連続で過去
最多を更新した。障害者の実雇用率も9年連続で過去最高を更新し，障害
者雇用促進法が定める法定雇用率を初めて上回った。

5　日本では，ドイツやフランスといった欧州主要国に比べ，雇用者1人当
たりの年間労働時間が短く，また週49時間以上働いている労働者の割合も
低くなっている。

No. 5　日本の労働法制に関する次の記述のうち，妥当なのはどれか。

1　2019年の改正労働施策総合推進法は，事業主に対し，パワーハラスメン
ト防止のための雇用管理上の措置をとることを義務づけ，違反した場合に
は罰則を科すと定めた。

2　2019年の改正男女雇用機会均等法は，他の事業主からセクシュアルハラ
スメント防止の措置義務の実施に関して協力を求められた場合，事業主は
それに応じなければならないと定めた。

3　2020年の改正雇用保険法等（改正高年齢者雇用安定法）は，事業主に対
し，65〜70歳の高年者雇用確保措置として，70歳までの定年引き上げか
定年廃止のどちらかの措置をとることを義務づけた。

4　2020年の改正雇用保険法等（改正労働施策総合推進法）は，大企業（従
業員301人以上）に対し，正規雇用労働者の中途採用・経験者採用の比率
の公表を義務づけた。

5　2021年の改正育児・介護休業法は，有期雇用労働者について定められて
いた2つの育児休業取得要件を撤廃し，無期雇用労働者と同様の取り扱い
とすると定めた。

 **正答と解説**

No. 4 ▷正答　1

1　**正解！**　政府は，働き方改革関連法の施行によって非正規雇用労働者の待遇改善を図り，不本意非正規の比率を低下させるとしている。

2　近年は，結婚・出産後も仕事を続ける女性が増えてきたことを背景に，M字カーブの底は浅くなり，台形に近づきつつある。女性の年齢階級別労働力率は，欧米諸国では台形を描く。

3　15 ～ 24歳層の完全失業率は4.6%（前年比0.8ポイント上昇）であり，2％台ではない。また，2021年3月大学卒業予定者の4月1日時点での就職内定率は96.0%となり，前年より低下した。

4　民間企業の実雇用率は9年連続で過去最高を更新して2.15%となったが，法定雇用率（当時2.2%，現在は2.3%）には及ばなかった。障害者の雇用者数が17年連続で過去最多を更新した，との記述は正しい。

5　日本の年間労働時間はドイツやフランスに比べて長い。また週49時間以上働いている労働者の割合も高い。2020年は日本が15.0%（男性は21.5%）で，ドイツは5.9%（同8.9%），フランスは9.1%（同12.3%）だった。

No. 5 ▷正答　4

1　パワーハラスメント防止のための雇用管理上の措置をとることを義務づけたが，罰則規定は設けていない。ただし，勧告に従わない違反企業について，厚労省は企業名を公表できる。

2　改正法は，そうした場合，応じるように努めなければならないと定めた。義務ではなく，努力義務である。

3　改正法は，65 ～ 70歳の高年齢者就業確保措置として，①70歳までの定年引き上げ，②70歳までの「継続雇用制度」の導入，③定年廃止，④労使で同意したうえでの「雇用以外の措置」の導入，のいずれかをとることを事業主の努力義務とした。

4　**正解！**　従業員規模が大きいほど中途採用比率が低くなっている状況を踏まえ，大企業に中途採用比率の公表を義務づけた。中途採用を希望する労働者と企業のマッチングを促進するのがねらい。2021年4月施行。

5　改正法が定めたのは取得要件の緩和である。具体的には，「引き続き雇用された期間が1年以上」「子どもが1歳6か月までの間に契約が満了することが明らかでない」の2つの要件のうち，前者を撤廃した（後者の要件は残存）。

● 過去問研究

「科学技術」は時事の大黒柱

　国家公務員試験の基礎能力試験の時事の出題は３問。理系受験者もいるためか，そのうちの１問はしばしば科学から出題されてきた。

　時事がある試験だけではない。ありとあらゆる試験で，科学関連の時事問題は出題されている。科目は教養社会や社会事情が多いが，教養の自然科学で時事関連の選択肢が出たこともあった。いずれにせよ，公務員試験の時事で**科学は非常に高い頻度で登場しうるテーマ**だと思うべきだ。

　出題の内容は多岐にわたる。５つの選択肢がそれぞれ別の科学分野から選ばれることもある。科学的発見や最新技術の話ばかりではない。時事にからめて科学の基礎知識を問うような問題が出ることもある。

　出題が多いのは**宇宙開発**。令和２年度の国家総合職で取り上げられたほか，国家一般職［大卒］の時事では平成30年度に準天頂衛星が，令和元年度にはイプシロンロケットが選択肢の１つに登場した。

　また近年，**情報科学関連**の出題も頻出度がアップ。令和元年度の国家総合職，２年度の国家専門職［大卒］，３年度の東京都が取り上げた。３年度の国家総合職ではスパコンの「富岳」が選択肢に登場。ほかの試験でも要注意だ。

「教育」では改革の方向性に注意

　教育については，学習指導要領の改訂や高大接続改革が進行中。2021年には大学入学共通テストも始まった。話題は目白押しだ。

　事実，**文部行政の出題頻度は高まっている**。令和２年度は国家一般職［大卒］で「わが国の教育等」についての出題があったし，元年度の国家専門職［大卒］では選択肢に学習指導要領が登場した。まだしばらく注意が必要だ。

科学や文化は話題性！

　科学や文化の場合，話題性があるものは公務員試験に取り上げられやすい。科学ではノーベル賞，文化では世界遺産がその代表だ。

　事実，令和元年度は東京都［Ⅰ類A］が，そのものズバリの「ノーベル賞」についての５択を出題。２年度は特別区［Ⅰ類］と国家総合職（教養区分）が吉野彰氏のノーベル化学賞受賞についての問題を出した。

　世界遺産については，元年度の国家総合職が出題。３年度の警視庁警察官Ⅰ類は日本の世界遺産のなかから無形文化遺産を選ぶ問題を出した。

日本の科学技術政策

ここに注目　科学技術の時事対策でも大事なのは政府の政策指針の確認。宇宙についても，まずは基本計画！

● 科学技術の基本政策

□ **科学技術・イノベーション基本法**‥‥2020年成立。25年ぶりに「科学技術基本法」を改正し，**名称に「イノベーション」を加えた**。法的・倫理的課題の解決などを念頭に，振興対象に人文科学を追加。「科学技術・イノベーション推進事務局」を内閣府に設置することも定めた。

 Society 5.0

狩猟社会，農耕社会，工業社会，情報社会に続く「超スマート社会」。サイバー空間とフィジカル空間が高度に融合し，経済的発展と社会的課題の解決がともに進み，人々が快適で活力に満ちた質の高い生活を送ることができる人間中心の社会になるとされる。

□ **科学技術・イノベーション基本計画**‥‥2021年度から5年間の科学技術に関する国家戦略。ポストコロナ時代を見据え，**Society 5.0の具体化による社会のリデザイン**を前面に掲げた。また，感染症，災害，安全保障といった社会課題の解決にも科学技術・イノベーションを役立てるとした。

□ **ムーンショット型研究開発制度**‥‥2020年，政府は，**従来技術の延長にない，大胆な発想に基づく挑戦的な研究開発**（ムーンショット型研究開発）の支援を制度化。「人と共生するロボット」の実現など7つの目標を定め，長期的視野に立って，日本発の破壊的イノベーションの創出を目指す。

● 宇宙開発の基本政策

□ **宇宙基本計画**‥‥宇宙基本法に基づき，定期的に定められる**日本の宇宙政策の基本方針**。2020年の改定基本計画は，安全保障における宇宙空間の重要性の高まりや社会の宇宙システムへの依存度の高まりを指摘。日本の宇宙政策は，基盤強化と利用拡大の好循環により「**自立した宇宙利用大国**」の実現を図るとした。具体的な政策目標では「宇宙安全保障の確保」「災害対策・国土強靱化や地球規模課題の解決への貢献」「宇宙科学・探査による新たな知の創造」「宇宙を推進力とする経済成長とイノベーションの実現」の4つを掲げた。

□ **宇宙活動法**‥‥2018年施行。許可された民間企業にロケットの打ち上げを認める。また，ロケットの打ち上げによって引き起こされた損害について，損害賠償の仕組みを制度化した。

科学技術の話題

ここに注目 話題の科学技術用語を一気に整理。5択に登場しそうな関連用語も含め，幅広く学習！

● デジタル関連

□**5G**‥‥**第5世代移動通信システム**。日本では2020年から本格展開。超高速（4Gの100倍の速さで通信が可能），超低遅延（タイムラグを意識せずに遠隔操作が可能），多数同時接続（膨大な数の端末やセンサーへの同時アクセスが可能）が特徴。携帯電話・携帯端末での情報通信だけでなく，**IoT**（モノのインターネット）時代の産業用通信システムとしても期待されている。

□**DX**‥‥**デジタル・トランスフォーメーション**。デジタル技術を活用してビジネスモデル，組織の在り方，働き方などを変革（トランスフォーム）すること。業務の効率化を目指すだけの「デジタル化」と異なり，人間生活や社会構造をも視野に入れた改革を目指す。

□**データ駆動型科学**‥‥仮説を立てて検証するのではなく，**大量のデータ解析から真理を探究する研究手法**。同様に，「データ駆動型社会」は，大量のデータ解析から経済の活性化策や社会問題の解決策を見出すことを意味する。

□**富岳**‥‥**日本のスーパーコンピュータ**。2020・2021年に性能ランキング世界一を獲得した。2021年3月から共用が始まり，早速，感染症対策に役立つ飛沫の飛散シミュレーションなどに利用された。

□**量子コンピュータ**‥‥**量子が持つ性質を使って高速計算を行う新しいタイプのコンピュータ**。すでに実用化段階に入っている。演算の継続により発生する量子的な誤りを直しながら，さらに高い精度で計算を実行する「誤り耐性型汎用量子コンピュータ」の開発も進められている。

● 宇宙関連

□**H3ロケット**‥‥**日本の最新大型ロケット**。2022年に1号機（試験機）の打ち上げを予定。特徴は利用用途に対応できる柔軟性と価格の低さ。

　これまでHⅡ-Bロケットと無人補給機（HTV：こうのとり）を使って日本が行ってきた国際

クルードラゴン

アメリカの民間企業「スペースX」が開発した有人宇宙船。2020年から国際宇宙ステーションへの送迎に利用されている。2020年11月に打ち上げられた運用初号機には野口聡一宇宙飛行士が，2021年4月の2号機には星出彰彦宇宙飛行士が搭乗した。ともに約半年の滞在後，無事に地球に帰還した。

宇宙ステーションへの物資輸送は，2022年以降，H3ロケットと現在開発中の「HTV−X」によって実施されることになる。

□ **イプシロンロケット**‥‥**日本の小型ロケット**。増大が見込まれる宇宙のビジネス利用に対応できる優れた運用コストが特徴。2021年11月，5号機の打ち上げに成功した。

□ **ゲートウェイ**‥‥日本を含む多国間協力で建設する**月周回宇宙ステーション**。月面や火星に向けた中継基地として利用される。建設開始は2024年を予定。

□ **アルテミス計画**‥‥アメリカ主導の**月面探査・開発プログラム**。日本も参加する。持続的な活動拠点を月面に建設し，火星有人探査を含む将来の宇宙開発での利用を目指す。

□ **だいち**‥‥**陸域観測技術衛星**。地球の全陸域を継続的に観測し，国土管理や災害状況把握などで活用される。2022年に3号機を打ち上げる予定。

□ **いぶき**‥‥**温室効果ガス観測技術衛星**。気候変動対策への貢献が期待されている。2018年，高性能センサーを搭載した2号機が打ち上げられた。

はやぶさ2

2014年に打ち上げられた日本の小惑星探査機。2019年にはリュウグウと名付けられた小惑星に着地し，土壌サンプルを採取した。2019年12月にリュウグウを出発。2020年12月には，土壌サンプルの入ったカプセルを地球に届けることに成功した。今後行われる土壌分析では，地球に衝突した小惑星が生命誕生につながる有機物をもたらした可能性などが検証される。

● ノーベル賞関連

□ **アベルメクチン**‥‥土壌中の放線菌から産出される化合物。この発見とこれをもとに**寄生虫感染症に有効な抗生物質**をつくり出した功績により，2015年，大村智氏に医学・生理学賞が与えられた。

□ **オートファジー（自食作用）**‥‥**タンパク質を自らの細胞内で分解する仕組み**で，細胞内のリサイクル・メカニズムを担っているとされる。オートファジーを促す遺伝子を特定するなど，この現象の解明に寄与したとして，2016年，大隅良典氏が医学・生理学賞を受賞した。

□ **がん免疫療法**‥‥薬を使ってがん細胞に免疫の働きを阻止させないようにし，**免疫の力を増強してがん細胞をなくしていく治療法**。この治療法を開発した本庶佑氏には2018年に医学・生理学賞が授与された。

□ **リチウムイオン電池**‥‥**小型軽量のわりに出力が大きく，しかも寿命が長くて再充電可能な電池**。スマホ，ノートパソコン，電気自動車などで広く利用され，今や日常生活に不可欠なものとなっている。2019年の化学賞は，このリチウムイオン電池を開発した吉野彰氏（ほか2名）が受賞した。

□ **気候変動モデル**‥‥**大気や海洋の気候変動に関する物理モデル**。これにより地球温暖化を予測した真鍋淑郎氏らが2021年の物理学賞を受賞。

暗記お助け

改革が進む日本の教育

ここに注目 教育改革が義務教育でも高校・大学教育でも進んでいる。新たな教育行政の方向性をしっかりここでつかんでおこう！

● 教育行政の基本政策

☐ **令和の日本型学校教育**‥‥2021年1月，中央教育審議会（中教審）は「**令和の日本型学校教育**」の構築を目指して（答申）を決定。子どもたちの多様化，生徒の学習意欲の低下，教師の長時間労働，情報化への対応の遅れ，少子化・人口減少の影響，感染症への対応など，学校教育が課題に直面していることを認めたうえで，「令和の日本型学校教育」を提唱した。

授業の在り方については，「全ての子供たちの可能性を引き出す，**個別最適な学びと，協働的な学びの実現**」を図るべきであるとした。教員の役割については，子どもの「主体的な学びを支援する伴走者」と描写し，家庭や地域と連携しながら学校運営に当たるチームの一員としての責務を求めた。

☐ **ポストコロナ期における新たな学び**‥‥2021年6月，教育再生実行会議（首相の私的諮問機関）は「**ポストコロナ期における新たな学びの在り方について**」を提言。「データ駆動型の教育への転換」を重視し，オンライン教育用のリソースの充実などを求めた。

☐ **教育振興基本計画**‥‥**教育振興に関する国家戦略**。第3期基本計画（2018～2022年度）は2030年以降の社会の変化を見据えて策定。基本方針には子どもたちに対する教育の充実に加え，人生100年時代における学びの機会の保障などを掲げた。そのほか「**学びのセーフティネット**」については，家庭の経済状況や地理的条件等による不利をなくす方針を示した。

● 初等・中等教育

☐ **新学習指導要領**‥‥文部科学省が定める新たな**教育課程の基準**。2020年度に小学校，2021年度に中学校，2022年度に高等学校で全面実施される。小中高に共通の「育成を目指す資質」には，知識・技能の修得，思考力・判断力・表現力などの訓練のほかに「学びに向かう力や人間性など」の涵養（かんよう）を追加。また，教

GIGA スクール

2019年，文科省はGIGAスクール実現推進本部を設置。義務教育段階における「1人1台端末」と，小中高校における高速通信環境の整備を柱とする「GIGAスクール構想」を打ち出した。端末の配布進展により，2021年4月からは「1人1台端末」環境下での新しい学びがスタートした。

育過程の改善では「主体的・対話的で深い学び（アクティブ・ラーニング）」を重視するとした。

□ **外国語教育**‥‥新学習指導要領では，小学校における「外国語活動」を3年生から開始。教科としての英語は5年生から教えることとなった。

□ **全国学力・学習状況調査**‥‥**教育の成果を確認し，その改善を図るための調査**。毎年すべての小学6年生（算・国）と中学3年生（英・数・国）を対象に実施されている。2020年度はコロナのため中止されたが，2021年は国語と算数・数学について実施。コロナによる臨時休業期間の長さと各教科の平均正答率との間には相関は見られなかった。

□ **PISA**‥‥OECD（経済協力開発機構）が3年ごとに行っている**15歳時点の学習到達度の国際比較調査**。加盟国以外も含め79の国と地域が参加。2018年調査で日本は，科学的リテラシーでは世界第5位，読解力では第15位，数学的リテラシーでは第6位だった。

□ **義務教育学校**‥‥**既存の小中学校を再編成し，小中一貫教育を行う学校**。2016年度から実施。前期課程（小学校段階）と後期課程（中学校段階）に分かれるが，授業時間，学校行事，校則，部活動などを統一できる。教職員組織も1つで，1人の校長のもとで教育に当たる。

● 高大接続改革

□ **高大接続改革**‥‥**高校教育, 大学教育, 大学入試の3つの一体的改革**。「知識・技能」だけでなく，「思考力・判断力・表現力」を重視し，「主体性をもって学ぶ態度」の育成を図る。

□ **大学入学共通テスト**‥‥大学入試センター試験に代わり**2020年度に導入された新しい大学入試テスト**。英語民間試験の活用と記述式問題の出題については批判が多く，2021年7月に実施しないことが決まった。

□ **専門職大学**‥‥**実践的な職業教育を行う新たなタイプの大学・短大**。長期のインターンシップなどを含め，卒業に必要な単位の3〜4割以上が実習や演習科目であるのが特徴。2019年度に誕生。

□ **指定国立大学**‥‥**世界最高水準の研究・教育体制の確立などを目指す国立大学を文科大臣が指定**。人事ならびに財政について規制を緩和する。これにより，海外の優秀な人材に高額の給与を支払ったり，研究成果を活用する企業に出資したりできる。2017年度から実施。

□ **2040年に向けた高等教育のグランドデザイン**‥‥高等教育に関する2018年の**中央教育審議会の答申**。「多様性と柔軟性」をキーワードに，教員では実務経験者などを，学生については留学生や社会人の積極的受入れを提案した。また，情報公開による教育成果の可視化も求めた。

文化政策と世界遺産

ここに注目　今や文化政策は日本の活性化に不可欠。毎年のように増え続ける日本の世界遺産も一気に整理！

● 文化政策

□ **文化芸術基本法**････文化芸術振興基本法を改正し，2017年に施行。特徴は，観光・まちづくり，国際交流，福祉，教育，産業などの**関連分野と連携して文化芸術を推進する**とした点。食文化の振興，芸術祭の開催支援，高齢者・障害者の創造的活動の支援なども明記された。

□ **文化芸術推進基本計画**････文化芸術基本法に基づき策定。第１期基本計画（2018～2022年度）は５年間に実施する文化芸術政策の方向性と170の具体策を定めた。今後の文化行政では，**文化芸術の「多様な価値」**を活用すると強調。本質的価値に加え，社会的・経済的価値も重視する。効果的な投資とイノベーションの実現によって**文化芸術産業の経済規模＝「文化GDP」**を高めるとの目標も設定。日本の国家ブランディングにも貢献する。

□ **文化財保護法等**････2021年の改正法は，無形文化財・無形民俗文化財に登録制度を創設。祭りなど無形の文化財の保護を強化した。

□ **文化観光推進法**････2020年成立。文化財の観覧や文化体験などができる「**文化観光**」の普及に向け，文化施設の整備などを進める。

□ **国立アイヌ民族博物館**････2020年，北海道白老町の「**民族共生象徴空間（ウポポイ）**」の中核施設としてオープン。

● 世界遺産

□ **世界遺産**････人類が残すべき普遍的価値がある地域や建造物など。世界遺産条約に基づき，UNESCO（国連教育科学文化機関）がリストを作成している。自然遺産，文化遺産，複合遺産の３種があり，日本からは自然遺産５件と文化遺産20件が登録されている。

□ **明治日本の産業革命遺産 製鉄・製鋼，造船，石炭産業**････2015年に世界文化遺産に登録。**ものづくり大国・日本の出発**

日本遺産

　文化庁は2015年から2020年にかけて日本の文化・伝統を物語る104件の「日本遺産」を認定。文化財を「点」のように考えるのではなく，有形・無形の文化財群を「面」として扱うことが特徴で，選定も地域の歴史や特色が持つ「ストーリー性」を軸になされている。文化財の保護以上に，文化財を通じた地域活性化を意識しているといってよいだろう。各地域の認定遺産は「日本遺産ポータルサイト」から検索できる。

CHAPTER **9** 文部科学

点を示す産業遺産としての価値が高く評価された。登録されたのは，江戸末期から明治期につくられ，日本の近代工業化を支えた炭鉱の跡や製鉄所・造船所など23の施設。所在地は福岡，佐賀，長崎，熊本，鹿児島，山口，岩手，静岡の8県にまたがる。

□ **ル・コルビュジエの建築作品－近代建築運動への顕著な貢献－**‥‥日本など7か国が共同で推薦し，2016年に世界文化遺産に登録。近代建築の巨匠であるル・コルビュジエの建築作品は「人類の創造的才能を現す傑作」であり，建築史上前例のない地球規模での影響を持ったと評価された。日本からは東アジア唯一のル・コルビュジエの建築作品である**国立西洋美術館が登録**。

□ **「神宿る島」宗像・沖ノ島と関連遺産群**‥‥2017年に世界文化遺産に登録。日本と朝鮮半島・アジア大陸間の航海の安全を祈願する4世紀から9世紀の**古代祭祀の遺跡**が残り，今も神聖な場所として信仰されている点が評価された。

□ **長崎と天草地方の潜伏キリシタン関連遺産**‥‥2018年に世界文化遺産に登録。17世紀から19世紀のおよそ250年に及ぶ禁教時代にもキリスト教の信仰をひそかに守り，禁教が終わった後にカトリック教会に戻った「**潜伏キリシタン**」に関連する12の遺産から構成されている。長崎市の大浦天主堂や，島原の乱の舞台となった原城跡も指定された。

□ **百舌鳥・古市古墳群**‥‥2019年に世界文化遺産に登録。仁徳天皇陵（大阪府堺市）をはじめとする**4世紀後半から5世紀後半にかけてつくられた49基の古墳で構成**。多様な大きさと形を持ち，全体として当時の社会政治構造を物語っている。

□ **奄美大島，徳之島，沖縄島北部及び西表島**‥‥2021年，各島の一部地域が世界自然遺産に登録。指定地域がある琉球列島の中部・南部は，大陸からの分離・孤立によって特異的な生物進化が進んだ地域で，**希少性の高い生物多様性**が見られる。アマミノクロウサギ，ヤンバルクイナ，イリオモテヤマネコなど，絶滅危惧種も多く生息している。

□ **北海道・北東北の縄文遺跡群**‥‥2021年，縄文文化を表す17遺跡が世界文化遺産に登録。**採集・漁労・狩猟を基盤とした独特の定住生活**を長期にわたり維持発展させてきたことが高く評価された。登録遺跡には，縄文時代の大規模集落の跡地である三内丸山遺跡（青森市）や「秋田のストーンサークル」として知られる大湯環状列石（秋田県鹿角市）が含まれている。

無形文化遺産（世界無形文化遺産）

芸能，慣習，祭礼，工芸などの保護を目的にUNESCOが登録。日本からは能楽や歌舞伎などのほか，和食（2013年）や和紙（2014年）も登録。最近では，2016年には「山・鉾・屋台行事」が，2018年にはナマハゲなどの「来訪神」が，そして2020年には茅葺きなどの「伝統建築工匠の技：木造建造物を受け継ぐための伝統技術」が登録された。

文部科学の基礎問題

No. 1　教育行政に関する次の記述のうち，妥当なのはどれか。

1　「高大接続改革」は，高校教育，大学教育，大学院教育の３つの一体的改革である。

2　「大学入学共通テスト」では，2025年から英語民間試験が利用される。

3　「専門職大学」の受験資格は高等専門学校卒業生に限られる。

4　「指定国立大学」に指定されると，入学者には地域振興施策から生活給付金が支給される。

5　中央教育審議会の答申「2040年に向けた高等教育のグランドデザイン」は，高等教育に多様性と柔軟性をもたらすことの重要性を強調した。

No. 2　宇宙技術に関する次の記述のうち，妥当なのはどれか。

1　国際宇宙ステーションへの物資輸送を担う無人補給機は，2020年まで，９回にわたって日本の大型ロケット「H3」により打ち上げられてきた。

2　陸域観測技術衛星「いぶき」は，地球の全陸域を継続的に観測し，国土管理や災害状況把握などに役立てられている。

3　高性能センサーを搭載した温室効果ガス観測技術衛星「だいち」は，気候変動対策に必要なデータの収集などに役立てられる。

4　小惑星探査機「はやぶさ2」は小惑星「リュウグウ」に着地し，土壌サンプルを採取して，2020年に地球に届けた。

5　アメリカは，月周回宇宙ステーション「アルテミス」の建設を2024年に始めるとしている。

No. 3　スポーツ行政に関する次の記述のうち，妥当なのはどれか。

1　スポーツ庁は2018年，運動部の毎日の練習と活動時間の増加を図るため，「運動部活動の在り方に関する総合的なガイドライン」を策定した。

2　2021年の東京オリンピックで，日本は金メダル数でも全メダル数でも過去最多を記録した。

3　2021年の東京パラリンピックは，新型コロナの変異株の急速な広がりを受け，全競技が完全無観客で実施された。

4　2022年度からの「第３期スポーツ基本計画」は，スポーツとのかかわり方について，「みる」から「する」への移行を強調した。

5　2022年度からの「第３期スポーツ基本計画」は，東京オリパラ大会のレガシーとして，東京でのスポーツイベントの増加に期待を寄せた。

No. 1 ▷正答　5

1　高大接続改革は，高校教育，大学教育，大学入試の一体的改革である。

2　当初導入が検討された英語民間試験は，最終的に不採用となった。

3　専門職大学と高等専門学校に特別な関係はない。一般の大学同様，高校卒業等の要件を満たせば専門職大学を受験できる。

4　指定国立大学になると人事や財政についての規制が緩和される。研究・教育を世界最高水準にするための施策であり，学生支援策ではない。

5　**正解！**　多様性と柔軟性を高めるため，高等教育機関は積極的に留学生や社会人を受け入れる必要があるとした。

No. 2 ▷正答　4

1　9回の打ち上げを担ってきたのは「HⅡ-B」ロケットである。なお，H3ロケットは，2022年に1号機（試験機）の打ち上げを予定している。

2　陸域観測技術衛星は「だいち」である。2022年に3号機が打ち上げられる予定となっている。

3　温室効果ガス観測技術衛星は「いぶき」である。2018年に2号機が打ち上げられた。

4　**正解！**　はやぶさ2は，サンプル入りカプセルを地球に向けて投下した後，次の小惑星探査に向かっていった。

5　月周回宇宙ステーションの名前は「ゲートウェイ」で，多国間協力での建設が予定されている。一方，「アルテミス」は月面における持続的活動拠点の建設計画の名称である。日本はどちらにも参加する。

No. 3 ▷正答　2

1　生徒と教員の負担軽減を図るため，ガイドラインには休養日の設定や1日の最長活動時間などが盛り込まれた。

2　**正解！**　獲得メダル数は金メダル27個を含む58個にのぼった。

3　パラリンピックでは一部で「学校連携観戦」が行われた。

4　第3期基本計画は，これまでスポーツとのかかわり方とされてきた「する／みる／ささえる」に，新たに「つくる／はぐくむ」を追加し，新しい方法・ルールの創出を重視する姿勢を示した。「する」への移行などは主張していない。

5　東京オリパラ大会のレガシーとして期待されたのは，各地での「スポーツによる地方創生・まちづくり」の加速化である。東京限定ではない。

No. 4　教育行政に関する次の記述のうち，妥当なのはどれか。

1　2018年の第3期教育振興基本計画は，「人生100年時代」や「超スマート社会」の到来を念頭に，生涯にわたる一人一人の「可能性」と「チャンス」を最大化することを教育政策の中心に据えるとした。

2　2020年度に全面実施が小学校から始まった新学習指導要領は，知識社会時代に対応できる知識・技能の修得を重視し，育成を目指す資質から「学びに向かう力や人間性」を割愛した。

3　新学習指導要領は小学校における外国語教育を拡充し，1年生から英語に親しむための「外国語活動」を行い，3年生から教科としての英語を教え始めることとした。

4　2019年から文部科学省が推進している「GIGAスクール構想」では，家庭で問題なくオンライン授業が受けられるように，すべての児童生徒に高速通信端末が支給される。

5　2021年，中央教育審議会は「令和の日本型学校教育」に関する答申で，従来の「協働的な学び」を重視する姿勢を改め，今後の学校教育は「個別最適な学び」に力点を移すべきであるとした。

No. 5　科学政策に関する次の記述のうち，妥当なのはどれか。

1　2020年の「科学技術・イノベーション基本計画」は，コロナ禍によってテレワークが普及したことなどを指摘し，科学技術政策としてSociety 4.0（情報社会）の確立を急ぐべきであると述べた。

2　2020年の「科学技術・イノベーション基本法」は，産業の育成や法的・倫理的課題の解決などにおいて科学・イノベーションが人間・社会の在り方と密接不可分になってきたとして，振興対象に人文科学を加えた。

3　2020年に始まった「ムーンショット型研究開発」は，人類が月面で持続的に生活するために必要な技術を開発する総合計画で，医療，バイオ，リサイクルなどの技術分野のコラボレーションにより進められる。

4　2019年のノーベル化学賞を受賞した吉野彰氏などが開発したリチウムイオン電池は，酸素と水素の反応を利用することから，自動車などに搭載した場合，二酸化炭素の排出に伴う環境汚染を少なくできる。

5　2020・2021年に性能ランキング世界一に輝いた日本の量子コンピュータ「富岳」は，2021年から研究機関を対象とした共用が始まり，早速，コロナ対策に向けた飛沫の飛散シミュレーションなどに利用され，成果を上げた。

 正答と解説

No. 4   ▷正答　1

1　**正解！**　そのほか新計画は，学校・地域の連携・協働や，学びのセーフティ
ネットの構築などを基本方針に盛り込んだ。

2　新学習指導要領は，育成を目指す資質について，「学びに向かう力や人間性」
を新たに加えた。そのほか，教育過程の改善については，「主体的・対話的
で深い学び」を重視する方針を示した。

3　「外国語活動」は３年生から，教科としての英語を教え始めるのは５年生
からである。なお，外国語教育の領域は，「聞く」「話す」「読む」「書く」の
４つだったが，今回の改訂で「話す」が「話す（やり取り）」と「話す（発表）」
の２つに分けられ，５領域に変更された。

4　GIGAスクール構想は，義務教育段階における「１人１台端末」と，小中
高校における「高速通信環境」の整備が柱である。あくまでも学校教育にお
ける環境整備であり，端末を持ち帰って家庭でオンライン授業を受講するこ
とを目指すものではない。

5　「令和の日本型学校教育」は，授業の在り方を「全ての子供たちの可能性
を引き出す，個別最適な学びと，協働的な学びの実現」と表現した。協働的
な学びを重視しなくなったわけではない。

No. 5   ▷正答　2

1　基本計画が掲げているのは，狩猟社会，農耕社会，工業社会，情報社会に
続く「超スマート社会」を意味するSociety 5.0の加速化である。Society 5.0
では，AI等を使った情報処理によりスマート化が進展したり，サイバー空
間とフィジカル空間の融合で生活の質が向上したりするとされている。

2　**正解！**　なお，基本法上の「人文科学」は，いわゆる「社会科学」を含む
文系学問一般を意味している。

3　「ムーンショット型研究開発」では，従来技術の延長にない，大胆な発想
に基づく挑戦的な研究開発（ムーンショット）が図られる。月面生活に向け
た技術開発だけを意味するものではない。

4　酸素と水素の反応を利用する電池は，リチウムイオン電池ではなく燃料電
池である。なお，小型・長寿命で再充電できるリチウムイオン電池は，携帯
電話やノートパソコンなどの普及を後押ししたといわれている。

5　「富岳」は量子コンピュータではなく，スーパーコンピュータである。性
能ランキング世界一を獲得した点や，飛沫の飛散シミュレーションなどに利
用された点は正しい。

 文部科学の予想問題２

No. 6　日本の文化行政に関する次の記述のうち，妥当なのはどれか。

1　2017年に制定・施行された文化芸術基本法は，文化芸術の担い手となる若者への支援を国に求め，一方で高齢者・障害者の文化芸術活動の支援等については地方自治体が促進・実施するとの役割分担を定めた。

2　2018〜2022年度の文化芸術推進基本計画（第１期）は，経済的利益を追求しがちな昨今の文化芸術イベントを批判し，政府は文化芸術の本質的価値を高める支援策を優先させるとの基本姿勢を示した。

3　2020年の文化観光推進法は，文化観覧や文化体験などによる「文化観光」の普及に向け，文化財の保護や滅失・散逸の防止に向けた施策を国と自治体が協力して推進することを目標に掲げている。

4　2015年から2020年にかけて，文化庁は日本の文化・伝統を物語る「日本遺産」の認定を行った。これには世界遺産と同じく，自然遺産や文化遺産という分類があり，それぞれの遺産につき毎年１件ずつ採択される。

5　2020年，北海道白老町にアイヌ文化の復興と発展のナショナルセンターとして「民族共生象徴空間」が開業した。ここには中核施設の１つとして「国立アイヌ民族博物館」も置かれている。

No. 7　世界遺産に関する次の記述のうち，妥当なのはどれか。

1　2017年，UNESCOは古代祭祀の重要遺跡として「『神宿る島』沖ノ島と関連遺産群」を世界文化遺産として登録したが，現在も宗教活動が行われているとして，登録遺産から宗像大社を除外した。

2　2018年，UNESCOは日本のキリスト教関連遺産としては初めて，長崎県，熊本県，北海道に点在する潜伏キリシタンの生活跡を「潜伏キリシタン関連遺産」として世界文化遺産に登録した。

3　2019年，UNESCOは大阪府にある「百舌鳥・古市古墳群」について，街中にあるため劣化が激しいとして，世界文化遺産と危機遺産の２リストに同時に登録した。

4　2021年，UNESCOは「北海道・北東北の縄文遺跡群」を世界文化遺産として登録した。古代遺跡であるだけでなく，縄文文化が自然と共生する独特の定住社会を長く維持・発展させてきた点が高く評価された。

5　2021年，UNESCOは「奄美大島，徳之島，沖縄島北部及び西表島」を世界自然遺産として登録した。政府は該当地域を１つの国立公園に指定し，環境庁が自然保護ならびに地域管理を専任で行う体制を整えた。

No. 6 ▷正答　5

1　新たに高齢者・障害者の創造的活動に対する支援や芸術祭の開催支援などが明記された。国・地方自治体を問わず，促進・実施が図られる。

2　今後の文化行政では，文化芸術の本質的価値に加え，社会的・経済的価値を重視すべきであるとの考え方を強調した。昨今の文化芸術イベントを批判してはいない。

3　文化財の保護や滅失・散逸の防止については，文化観光推進法ではなく，2018年の改正文化財保護法等が定めている。

4　日本遺産には自然遺産や文化遺産といった区分はない。また，認定件数は2020年までの５年間に104件となっている。

5　**正解！**　「民族共生象徴空間」の愛称は，アイヌ語で「大勢で歌うこと」を意味する「ウポポイ」である。

No. 7 ▷正答　4

1　「『神宿る島』宗像・沖ノ島と関連遺産群」については，現在も神聖な場所として信仰されている点が評価され，福岡県にある宗像大社の沖津宮，中津宮，辺津宮も登録された。

2　登録遺産の名前は「長崎と天草地方の潜伏キリシタン関連遺産」であり，北海道は関係ない。日本から初のキリスト教関連遺産のリスト入りとなった点は正しい。

3　「百舌鳥・古市古墳群」については，UNESCOの諮問機関である国際記念物遺跡会議が，市街地にあるため周辺の開発事業が計画された場合には影響の査定が必要だとの見解を示したが，「危機遺産」に加えられたわけではない。

4　**正解！**　定住生活には本格的な農耕が伴うのが通例であることから，採集・漁労・狩猟を基盤とした定住生活を続けてきた縄文文化は，きわめて貴重なものとなっている。

5　世界自然遺産となった地域には，３つの国立公園（奄美群島，やんばる，西表石垣）が置かれている。また，該当地域の管理は，国と自治体が連携して実施する。

●過去問研究

なんといっても「パリ協定」

　環境保護はグローバルな課題。そのため，出題の多くは環境破壊の現状よりも，「環境保護に対する国際的な取組み」に向けられてきた。当然，2015年に合意され，2020年に協定実施期間が始まった地球温暖化対策の**新たな国際的枠組みである「パリ協定」については，まだまだ出題を前提とした対策が必要。**合意内容をしっかり把握しておかなければ後悔するだろう。

　パリ協定のポイントは，先進国と途上国が初めて一緒に参加していること。そして，温室効果ガス削減についての目標があくまでも自主目標だということだ。令和元年度の国家一般職［大卒］の時事の選択肢でもこの点が取り上げられていた。国家一般職［大卒］ではパリ協定を令和2年度も出題。ただし，今度は国際関係での出題で，内容はアメリカの離脱だった。そのほか2年度は東京都［Ⅰ類A］もパリ協定を出題。ここでは直近の締約国会議の内容が取り上げられた。

「プラスチックごみ」が急上昇

　近年，「プラスチックごみ」対策が，環境に関する世界的課題として急上昇。日本でも本格的な取組みが始まった。政府は2019年に「**プラスチック資源循環戦略**」を策定。2021年には「**プラスチック資源循環促進法**」も成立した。

　2019年に開催されたG20大阪サミットでは「**大阪ブルー・オーシャン・ビジョン**」を関係国と共有。世界各国に参加を呼びかけた。すると，令和元年度の国家総合職の時事の選択肢で海洋のプラスチックごみ問題の最新動向に言及。2年度は東京消防庁消防官［Ⅰ類］が取り上げた。

　2021年には**使い捨てプラ製品の削減対策**が前進。出題を前提にしっかり勉強しておく必要があるだろう。

生物多様性，今年の注目は？

　よく出題されるのはレッドリスト。令和元年度の国家一般職［大卒］でも「絶滅危惧種」についての選択肢があった。

　そのほか，ヒアリのような「外来生物」も要注意。3年度の国家専門職の「わが国の生物をめぐる動向」の問題でも正答はヒアリだった。

　2021年の生物多様性条約締約国会議では日本も途上国支援を約束。チェックしておこう。

環境政策の基本理念

 環境問題についての学習もまずは政策指針から。注目はプラスチック資源循環戦略！

● 環境基本計画

□環境基本計画‥‥環境基本法に基づき策定される**環境政策に関する国の基本計画**。2018年に閣議決定された第5次環境基本計画は，環境政策を通じて，経済社会システムやライフスタイルなどでイノベーションが生まれ，**経済・社会的課題が解決されることを重視**。経済，国土，地域，暮らし，技術，国際の6分野に分けて，重点戦略と具体策を示した。

□地域循環共生圏‥‥**都市と農山漁村が資源を補完し，支え合う仕組み**。農山漁村から都市へは自然資源や生態系サービスがもたらされ，都市から農山漁村へは資金や人材が提供されるといった循環が期待されている。

● 循環型社会に関する基本計画

□循環型社会基本計画（第4次）‥‥2018年閣議決定。**地域循環共生圏形成による地域活性化**（バイオマスの地域内での利活用等），**ライフサイクル全体での徹底的な資源循環**（食品ロス量の削減等），**適正処理のさらなる推進と環境再生**（海洋ごみ対策等）などに取り組むとした。

□プラスチック資源循環戦略‥‥2019年策定。国内でのプラスチック資源の循環体制の早期構築を図る。**2030年までにワンウェイ（使い捨て）プラスチックを25％抑制すること**，生物由来の原料でつくられたバイオマスプラスチックの利用を約200万トンにまで高めることなど，数値目標も掲げている。2020年7月には，すべての小売店でプラスチック製レジ袋の有料義務化が実施された。

□プラスチック資源循環促進法‥‥2021年6月成立。プラ製品に関する環境配慮設計の推進，プラ製品のリサイクルの促進，**使い捨てプラ製品の削減**などの指針を定める。

 使い捨てプラ製品対策

　プラスチック資源循環促進法に基づき，政府は政令で使い捨てプラ製品の使用基準を策定。年5トン以上使う事業者に削減義務を課し，取組みが不十分な場合には社名公表や罰金などの措置をとると定めた。

　削減対象は12品目。コンビニやスーパーが渡すストローやスプーン・フォーク，宿泊施設にあるヘアブラシや歯ブラシ，クリーニング店が使うハンガーなどだ。今後，有料化や紙製品などへの変更が進むに違いない。

暗記お助け

注目の地球温暖化対策

ここに注目 温室効果ガスの大幅な削減を目指す「パリ協定」は，地球環境を守る画期的な合意。温暖化対策を中心にエネルギー用語まで一気に整理！

● 国際的な取組み

☐ **IPCC（気候変動に関する政府間パネル）**‥‥国連環境計画などが1988年に設立した国際組織。各国の科学者などが**気候変動に関する科学的知見を評価**している。2021年の第6次報告では，地球の気温は，1850〜1900年水準に比べ，**2040年までに1.5度上昇する可能性が高い**と結論づけた。

☐ **気候変動枠組条約（地球温暖化防止条約）**‥‥**温室効果ガス排出と気候変動に関する基本条約**。国連環境開発会議で1992年に採択，1994年に発効。毎年，締約国会議（COP）を開催している。

☐ **パリ協定**‥‥2015年のCOP21で採択された**新たな地球温暖化対策の国際的枠組み**。各国の批准を経て2016年に発効した。すべての国連加盟国と地域が参加。参加国は温室効果ガス削減の自主目標を作成して国連に提出し，国内対策を実施する義務を負う。協定実施期間は2020年にスタート。

目標は，産業革命（18世紀半ば）前からの**気温上昇を2度未満に抑えること**。努力目標として「1.5度未満」も併せて掲げられた。目標達成に向け，先進国には途上国に対する資金支援も義務づけられた。

☐ **気候野心サミット**‥‥パリ協定参加国が2020年12月に開いた会議。70を超える首脳がオンラインで参加し，脱炭素社会づくりへの決意を表明した。菅首相（当時）も2050年までの「排出実質ゼロ」を約束した。

☐ **COP26**‥‥第26回気候変動枠組条約締約国会議。2021年10月にイギリスで開催された。会議では気温上昇を1.5度に抑えることを全体の目標に格上げ。石炭火力発電の段階的削減への努力加速などが合意された。

● 日本の温暖化対策

☐ **日本の削減目標**‥‥日本が国際公約とした中期目標は，温室効果ガスを2013年度比で「**2030年度までに46％排出削減**」すること。長期目標は，温室効果ガスの排出を実質ゼロとする「**カーボンニュートラル**」を2050年までに実現させることだ。

ESG金融

環境保護（Environment），社会課題（Social），企業統治（Governance）に配慮する金融活動。利用する日本企業は急増しており，投資残高は2016年からの3年間で約6倍になった。

- □ **地球温暖化対策推進法**‥‥2021年の改正法は「2050年までの脱炭素社会の実現」を法律に明記し，実現に向けた政策指針を示した。重視されたのは，**再生可能エネルギーを利用した「地域の脱炭素化」**。市町村が実施目標や促進地域を定めて，太陽光発電や風力発電などの円滑な導入を図るとした。
- □ **地球温暖化対策計画**‥‥2021年10月改定。新たな長期・中期目標の実現に向けた部門別の削減目標や施策などを取りまとめた。
- □ **気候変動適応計画**‥‥2019年策定。**気候変動がもたらす被害の軽減策**を政策分野ごとに取りまとめた。具体策では，高温を好む品種への転換（農林水産分野），豪雨氾濫に対する減災体制整備（自然災害分野），熱中症や感染症のリスク対策（健康分野）などを盛り込んだ。
- □ **フロン排出抑制法**‥‥2020年4月に改正法が施行。エアコンや冷蔵庫などで利用されている**フルオロカーボン（フロン類）の廃棄時の回収率向上**に向けた対策を進める。

● 省エネの促進

- □ **エネルギー基本計画（第6次）**‥‥2021年10月改定。総発電量に占める電源構成の目標を明示。**再生可能エネルギーを主力電源化して，その割合を36～38％に高める**。また，原子力の割合も，安全確保を大前提として，20～22％に引き上げる。一方，火力発電については，非効率的な石炭火力発電のフェードアウトなどを進め，41％まで減らすとした。

- □ **グリーン成長戦略**‥‥2020年12月策定。菅内閣が掲げた「2050年カーボンニュートラル」への挑戦を**「経済と環境の好循環」につなげるための産業政策**。洋上風力発電の積極的導入や乗用車の新車をすべて電動車にすることなどを盛り込んだ。

- □ **シェアリング・エコノミー**‥‥インターネット上のマッチング・プラットフォームを介して，**個人が持つ資産を他の個人などに有効利用してもらう経済活動**。CO_2や廃棄物の削減効果が期待できる。

SDGs

　2016～2030年に国際社会が達成を目指す「持続可能な開発目標」の略称。17分野を国連は次のように表現。

　①貧困をなくそう，②飢餓をゼロに，③すべての人に健康と福祉を，④質の高い教育をみんなに，⑤ジェンダー平等を実現しよう，⑥安全な水とトイレを世界中に，⑦エネルギーをみんなにそしてクリーンに，⑧働きがいも経済成長も，⑨産業の技術革新の基盤をつくろう（インフラ整備），⑩人や国の不平等をなくそう，⑪住み続けられるまちづくりを，⑫つくる責任，つかう責任（持続可能な生産・消費），⑬気候変動に具体的な対策を，⑭海の豊かさを守ろう，⑮陸の豊かさも守ろう，⑯平和と公正をすべての人に，⑰パートナーシップで目標を達成しよう（実施手段）。

　日本政府は，2016年に具体策を盛り込んだ「持続可能な開発目標実施指針」を策定。2019年に改訂した。

 環境の基礎問題

No. 1 温室効果ガスの排出削減に向けた国際的取組みである「パリ協定」に関する次の記述のうち,妥当なのはどれか。

1 アメリカは協定採択当初からパリ協定への参加を拒否してきたが,2021年2月,バイデン政権はパリ協定への参加を表明した。

2 2020年に協定実施期間が始まったにもかかわらず,CO₂最大排出国の中国はまだパリ協定を批准していない。

3 先進国だけでなく,途上国も温室効果ガス削減に向けて努力することになった。

4 パリ協定の目標は「産業革命前からの気温上昇を5度未満に抑える」ことである。

5 パリ協定は参加国のうち先進国に対しては「2050年までの排出ゼロ」を義務づけている。

No. 2 環境用語に関する次の記述のうち,妥当なのはどれか。

1 「地域循環共生圏」は,都市から自立して資源循環を図る農山漁村が構成する環境保護圏域である。

2 「ESG金融」とは,エネルギー持続可能性目標を守る企業向けの金融であり,欧米諸国同様,日本でも普及促進が図られている。

3 「再生可能エネルギー」とは,永続的に利用できるエネルギー源であり,太陽光,風力,地熱のほか,原子力も含まれる。

4 「シェアリング・エコノミー」とは,インターネットなどを介して所有する資産を他の個人などに有効利用してもらう経済活動である。

5 「フルオロカーボン」は,CO₂を超える温室効果を持つため世界で削減が進められているが,日本ではまだ対策がなされていない。

No. 3 生態系に関する次の記述のうち,妥当なのはどれか。

1 日本の生態系サービスの劣化は里地里山においても進行しており,そのため近年,ニホンジカやイノシシの数と生息域が減少している。

2 2015年制定の「鳥獣保護法」は,原則として野生動物の狩猟を禁止している。

3 日本の生態系に害を及ぼすおそれのある外来種については,外来生物法が野生での駆除を認めているが,輸入や飼養等は禁止されていない。

4 2019年の日本のレッドリストで,トキは「野生絶滅」とされている。

5 日本は2019年に国際捕鯨委員会から脱退し,商業捕鯨を再開した。

No. 1 ▷正答 3

1 オバマ政権時代の2016年，アメリカはパリ協定を批准した。その後，トランプ政権下でいったん離脱したが，バイデン政権成立後の2021年2月，アメリカはパリ協定に復帰した。

2 中国は2016年にパリ協定を批准した。

3 **正解！** 途上国の参加に伴い，先進国は途上国に資金支援を行う。

4 5度ではなく2度である。「2度目標」と呼ばれることもある。

5 削減量について，協定は参加国に何も義務づけていない。参加国は自主的に削減目標を決めて国連に提出し，国内対策を進める。

No. 2 ▷正答 4

1 地域循環共生圏は，都市と農山漁村が資源を補完し，支え合う仕組みである。都市から自立を促すものではない。

2 ESG金融とは，環境Environment，社会Social，企業統治Governanceに配慮した金融のことである。

3 再生可能エネルギーに原子力は含まれない。

4 **正解！** 資源が効率的に利用でき，環境保護に役立つ。カーシェアリングのほか，最近ではサイクルシェアリングなども普及してきている。

5 日本では2020年に改正フロン排出抑制法が施行され，フルオロカーボン廃棄時の回収率向上に向けた対策が世界に先駆けて進められている。

No. 3 ▷正答 5

1 耕作放棄地などが増えた結果，ニホンジカやイノシシの数と生息域が増加し，農林業への被害が拡大している。

2 増えすぎた鳥獣の数の適正な管理を進めるため，鳥獣保護法は2015年に「鳥獣保護管理法」に改められた。

3 日本の生態系に害を及ぼすおそれのある「特定外来生物」については，輸入や飼養等も原則禁止とされている。

4 野生復帰事業の結果，トキは増えている。2019年のレッドリストでトキは「野生絶滅」から「絶滅危惧ⅠA類」に分類し直された。

5 **正解！** 脱退手続き完了後の2019年，日本は領海と排他的経済水域で商業捕鯨を再開した。

No. 4 プラスチックごみ対策に関する次の記述のうち，妥当なのはどれか。

1 2019年のG20大阪サミットでは，「海洋プラスチックごみの新たな発生を2030年までにゼロにする」との「大阪ブルー・オーシャン・ビジョン」の共有を決定した。

2 2019年，政府は「プラスチック資源循環戦略」を策定し，食品包装などで使われる「ワンウェイのプラスチック」については，2030年までに半減すると宣言した。

3 2020年7月からプラスチック製レジ袋の有料義務化が実施されたが，生物由来の原料でつくられたバイオマスプラスチックの配合率が25％以上のものは対象外とされている。

4 2021年6月に成立した「プラスチック資源循環促進法」は，プラスチックごみの削減促進に向け，メーカーや小売業者に対して「使用済プラ製品の自主回収」を禁止した。

5 「プラスチック資源循環促進法」により，ストロー，スプーン，フォークなどの「使い捨てプラ製品」は，原則として飲食店での使用が禁止となった。

No. 5 温暖化対策に関する次の記述のうち，妥当なのはどれか。

1 2021年の『環境・循環型社会・生物多様性白書』によると，日本の温室効果ガスの総排出量は，景気回復の影響から，コロナ禍前の2019年度まで6年連続で増加した。

2 2020年，菅内閣は，「2050年までに80％の排出削減」という安倍内閣時代の長期目標を改め，日本は「2050年までのカーボンニュートラル」を目指すと宣言した。

3 温室効果ガスの排出削減に関する中期目標について，日本政府はこれまで「2030年度までに46％削減」を掲げてきたが，コロナ禍で見通しが悪化したため，2021年に「2030年度までに26％削減」に改められた。

4 2021年の改正地球温暖化対策推進法は，熱中症や豪雨などへのリスク対策を自治体の義務と定め，国には高温を好む農産品の導入検討など，温暖化に伴う適応計画を策定するよう求めた。

5 2021年10月に改定されたエネルギー基本計画は，2030年度の総発電量に占める電源構成について，再生可能エネルギーの比率を倍増させ，火力発電と原子力の比率を大きく引き下げることを目標に掲げた。

正答と解説

No. 4　　　　　　　　　　　　　　　　　　　　　　　▷正答　**3**

1　2030年ではなく，「2050年までにゼロにする」とのビジョンを共有した。政府がG20以外の国にも参加を呼びかけた結果，2021年3月末時点で87か国がこのビジョンに賛同している。

2　プラスチック資源循環戦略が，ワンウェイ（使い捨て）プラスチックについて掲げたのは，使用量の25％抑制である。

3　**正解！**　プラスチック資源循環戦略は，バイオマスプラスチックの利用について，2030年には最大限（約200万トン）に高めるとの数値目標も掲げている。

4　プラスチック資源循環促進法は，リサイクル事業者を経由せずに再利用可能な材料を集められるように，メーカーや小売業者による「使用済プラ製品の自主回収」を容認した。

5　同法の施行令で，使い捨てプラ製品を年5トン以上使用する飲食店などの事業者は，従来の無料配布を有料化するなどの削減策が求められることとなった。使用が禁止されたわけではない。

No. 5　　　　　　　　　　　　　　　　　　　　　　　▷正答　**2**

1　省エネや電力の低炭素化などが進んだことから，日本の総排出量は6年連続で減少した。

2　**正解！**　日本は2020年12月の気候野心サミットでも，温室効果ガスの排出を実質ゼロとする「カーボンニュートラル」を2050年までに実現することを表明した。

3　日本の排出削減の中期目標（2030年度まで）は，2021年に「26％削減」から「46％削減」に改められた。なお，菅首相はアメリカが主催した「気候サミット」で，50％削減に向けた挑戦を続けるとの決意を表明した。

4　改正地球温暖化対策推進法は，再生可能エネルギーの利用促進などによる脱炭素社会の実現に向けた施策の方向性を定めたものである。記述にある温暖化に伴うリスク対策や農林水産分野での施策は，2018年の「気候変動適応計画」に盛り込まれている。

5　再生可能エネルギーの比率の引き上げと火力発電の比率の引き下げは正しいが，原子力については2019年度の6％を2030年度には20～22％に引き上げるとした。

CHAPTER
10
環境

第11章 司法警察

● 過去問研究

法改正に警戒せよ

司法・警察関係の出題では**大きな法改正や制度改正が必修事項**。近年は六法関係の抜本的な改正が相次いでいるだけに，時事だけでなく，専門試験の法律科目でも出題される可能性が高まっている。過去問を使って学習している場合は，古い記述を鵜呑みにしないよう注意が必要だ。

司法分野の**注目は民法**。近年，改正が目白押しで，令和元年度には国家総合職や国家一般職［大卒］の基礎能力試験の選択肢で2018年の改正法が取り上げられていた。民法は2019年と2021年にも改正されている。要注意だ。

六法以外の法律で今年注目すべきは，2021年に改正された**少年法とストーカー規制法**。2020年，2021年と改正が続いた**著作権法**や**個人情報保護法**も出題候補となるだろう。このほか，2019年と2020年に改正された道路交通法も念のためチェックしておきたい。

「警察統計」にも注目

警察分野では**犯罪や交通事故に関する統計にも注意が必要**。これまで犯罪の認知件数や交通事故死者数など，全体状況を表す統計の出題が見られた。

犯罪では，刑法犯の認知件数が着実に減少し続け，2020年には戦後最少を更新。交通事故については，負傷者数や事故件数が減り続けているし，2020年の死者数は約2800人と統計開始以来の最少となった。胸を張って出せる数値だけに，大まかな傾向だけでも頭に入れておけば役立つはずだ。

ちなみに，2021年の『警察白書』や『交通安全白書』に取り上げられているのは2020年の数値。2021年の数値については，2022年の春から夏にかけて警察庁から発表がある。夏以降に試験がある受験者は，試験前にニュースや警察庁のホームページなどで情報のアップデートを心がけてほしい。

児童虐待に注意！

犯罪関連では「児童虐待」にも注意が必要。犯罪防止の観点からも，人権擁護の観点からも，緊急度が高い問題だ。

2019年には児童福祉法等が改正され，児童虐待への対策が強化された。出題を前提に実情と対策を整理しておこう。

民法改正の重要用語

 近年相次ぐ民法の改正。公務員試験対策では不可欠の知識だ。商法改正も併せてフォロー！

□**所有者不明土地**‥‥2021年の改正民法等（改正不動産登記法を含む）・相続土地国庫帰属法は，①不動産登記について**相続登記・住所変更登記の申請を義務化**，②相続土地国庫帰属制度を創設，③所有者不明土地・建物管理制度を創設，④共有者が不明な場合の共有地の利用の円滑化を図る仕組みを整備，⑤長期間経過後の遺産分割を見直し。

□**特別養子制度**‥‥2019年の改正民法等（改正家事手続法，改正児童福祉法を含む）は，**特別養子縁組の成立要件を緩和**。①特別養子縁組成立のための審判申立て時における**養子候補者の上限年齢を原則「6歳未満」から「15歳未満」に引き上げ**，②特別養子縁組成立のための審判に2段階手続きを導入，③審判の第1段階での実親の同意は，2週間経過後は撤回不可と規定，④児童相談所長が審判の第1段階の手続きの申立人・参考人として主張・立証できると規定。

□**成年年齢引き下げ**‥‥2018年の改正民法は，①成年年齢（成人年齢）を20歳から18歳に引き下げ，②女性の婚姻開始年齢を16歳から18歳に引き上げ（男女で年齢を統一）③養子をとることができる年齢は20歳を維持。

□**民法（相続法）**‥‥2018年の改正法は，①配偶者居住権・配偶者短期居住権を新設，②婚姻期間が20年以上の夫婦間で居住用不動産を遺贈・贈与する場合の配偶者を保護，③**自筆証書遺言の方式を緩和**（また，遺言書保管法により，法務局での自筆証書遺言の保管制度を創設），④被相続人の療養看護等を無償で行った相続人以外の親族（息子の妻など）が相続人に金銭要求できる制度を創設，⑤相続された預貯金を遺産分割前に払い戻しできる制度を創設。

□**商法**‥‥2018年の改正法は，**運送契約についての総則的規律を創設**，運送全般・海商全般に関する規定を整備。

六法の現代用語化

2018年の商法改正では，すべての条文が「ひらがな・口語体」に改められた。「カタカナ・文語体」に比べ，かなり読みやすく，意味もわかりやすくなった。

これにより六法の表記すべてが現代用語化。六法のうち，1947年制定の憲法や1949年制定の刑事訴訟法の表記は初めから「ひらがな・口語体」だったし，刑法は1995年，民事訴訟法は1998年，民法は2005年に，すべての条文が「ひらがな・口語体」になった。

司法警察分野の重要法律

□ **少年法**‥‥2021年の改正法は，①18・19歳を「**特定少年**」と規定，②特定少年について「**原則逆送対象事件**」を拡大，③特定少年のときに犯した事件が起訴された場合，実名報道等を解禁。

□ **ストーカー規制法**‥‥2021年の改正法は**規制対象を拡大**（①GPS機器等を使った位置情報の無承諾取得等，②実際にいる場所付近での「見張り」等，③拒まれたにもかかわらず，手紙などの「文書」を連続して送りつける行為）。

□ **個人情報保護法**‥‥2021年の改正法は，①個人情報保護法，行政機関個人情報保護法，独立行政法人等個人情報保護法の３つの法律を１つに統合，②地方自治体の個人情報保護制度について全国的な共通ルールを規定，③個人情報にかかわる所管を個人情報保護委員会に一元化。

　2020年の改正法は，①**利用停止・消去等の個人の請求権の要件を緩和**，②第三者提供記録を本人が開示請求可能に，③個人データが漏えいし，個人の権利利益を害するおそれがある場合，個人情報保護委員会への報告及び本人への通知を義務化，④委員会の命令への違反や委員会への虚偽報告にかかわる法定刑を引き上げ，⑤**氏名等を削除した「仮名加工情報」を創設**，⑥「個人関連情報」の第三者への提供を制限。

□ **著作権法**‥‥2021年の改正法は，①国立国会図書館が絶版資料のデータを直接利用者に送信できるようにする，②図書館が**著作物の一部分を調査研究目的の利用者にメールなどで送信できるようにする**，③**放送番組のインターネット同時配信等を円滑化**（放送と同様に著作物を利用できるようにする）。

　2020年の改正法は，①**違法にアップロードされたものだと知りながら著作物をダウンロードすることを原則として違法化**（悪質な場合は刑事罰化），②リーチサイト等の運営行為を刑事罰化，③リーチサイト等におけるリンク提供行為を規制（著作権等の侵害行為とみなし，故意・過失がある場合に差止請求・損害賠償請求を可能に，故意犯の場合は刑事罰化）。

□ **児童福祉法**‥‥2019年の改正児童福祉法等（改正児童虐待防止法等を含む）は，①親権者や児童福祉施設の長等がしつけに**際して児童に体罰を加えることを禁止**，②子どもを一時保護するなど「介入」に当たる職員と保護者の「支援」に当たる職員を分けると規定，③児相に医師と保健師の配置を義務づけ。

交通安全対策総まとめ

 ここに注目 2019年と2020年に道路交通法が改正。ここでは，試験対策上知っておきたい改正の内容を整理しておこう！

● 運転中の携帯電話使用等（ながら運転）への対策（2019年12月施行）

罰則等を強化

- 交通の危険を生じさせた場合
  →直ちに刑事罰を適用，罰則も強化（懲役刑の上限と罰金を引き上げ）
- 交通の危険を生じさせなかった場合
  →反則金引き上げ，罰則も強化（懲役刑を新設，罰金を引き上げ）

● 自動運転のルール（2020年4月施行）

「レベル3」の自動運転についてのルールを整備

- 「自動運行装置」の使用を道路交通法上の「運転」として規定
- 「自動運行装置」の作動状況を記録する装置の装備と記録保存を義務づけ
- 直ちに故障などを認知し，確実に自動車を操作できる状態であることを条件に「自動運行装置」を使用して運転中の運転者に携帯電話やスマホ等の使用を認める

＊自動運行装置＝運転者の認知，予測，判断，操作に関する能力の全部を代替する機能を持ち，プログラムで自動的に自動車を運行させる装置

●「あおり運転」対策（2020年6月施行）

「あおり運転」を道路交通法上の「妨害運転」として厳罰化

- 通行妨害目的で交通の危険のおそれのある方法により一定の違反をした場合
  →懲役3年または罰金50万円以下，免許取消し
- 上記により，著しい危険（高速での停車等）を生じさせた場合
  →懲役5年または罰金100万円以下，免許取消し

＊一定の違反：対向車線にはみ出す，急ブレーキ，車間距離不保持，急な進路変更，危険な追い越し，過度のハイビーム，不必要なクラクション，幅寄せや蛇行運転，高速道路での低速走行，高速道路での駐停車（10類型）

● 高齢運転者対策（2022年5月施行）

高齢運転者の事故対策を強化

- 75歳以上で一定の違反歴のある運転者に「運転技能検査」を義務づけ
- 安全運転サポート車のみ運転できる免許を創設

CHAPTER 11 司法警察

125

No. 1　民法等の改正に関する次の記述のうち，妥当なのはどれか。

1　2018年の改正民法は，配偶者が相続開始時に被相続人が所有する建物に住んでいた場合，終身または一定期間，その建物を無償で使用することができる「配偶者居住権」を新設した。

2　2018年の改正民法により，自筆証書によって遺言をするとき，各ページに遺言者によるものと認められる署名と押印があれば，遺言者はすべてのページをパソコンによって作成できるようになった。

3　2018年の改正民法は，息子の妻など相続人以外の被相続人の親族が無償で被相続人の療養看護等を行った場合，一定の要件の下で，その親族は遺産分割協議に加わることができると定めた。

4　2019年の改正民法は，特別養子縁組成立の審判申立て時における養子候補者の上限年齢を「6歳未満」から引き上げ，原則「12歳未満」とすると定めた。

5　2019年の改正民法等（改正家事事件手続法）は，特別養子縁組を2段階の審判で成立させる2段階手続きを導入し，第1段階の審判の申立て者は養親候補者に限ると定めた。

No. 2　法律の改正に関する次の記述のうち，妥当なのはどれか。

1　2018年の改正民法によって2022年4月から成年年齢が18歳に引き下げられるのに伴い，養子をとることができる者の年齢や競馬法における勝馬投票券の購入可能年齢も18歳に引き下げられる。

2　2020年の改正個人情報保護法は，個人データの利用停止や消去にかかわる個人の請求権について，個人の権利または正当な利益が害されるおそれがある場合にも請求できるよう要件を緩和した。

3　2020年の改正個人情報保護法は，氏名等を削除した「仮名加工情報」を創設し，本人の同意がなくても第三者に提供できると定めた。

4　2021年の改正民法等（改正不動産登記法）は，不動産を取得した相続人に対し，取得を知った日から1年以内に相続登記の申請をすることを義務づけ，正当な理由がないのにその申請を怠ったときは一定の罰金を科すとした。

5　2021年の相続土地国庫帰属法は，一定の要件を満たせば，相続等により土地の所有権を取得した者がその土地の所有権を時価で国に売却することができる制度を創設した。

No. 1

▷正答　1

1　**正解！**　改正により，配偶者は相続時に住宅や生活資金を確保しやすくなる。なぜなら，「配偶者居住権」は完全な所有権とは違って売買できず，相続時の評価額が低くなり，その低くなった分だけ，配偶者は預貯金など他の財産をより多く取得できるようになるからである。

2　改正法が自書でなくてもよいと定めたのは，自筆証書に添付する財産目録についてである（遺言書については自書が必要）。

3　改正により，問題文にあるような親族は，相続人に対して金銭の支払いを要求できるようになった。遺産分割協議は相続人によってなされるものであり，相続人でない親族は加わることはできない。

4　改正法は，特別養子縁組成立の審判申立て時における養子候補者の上限年齢を原則「15歳未満」に引き上げた。

5　改正により，養親候補者のほか，児童相談所長も第1段階の審判の申立人になれるようになった（これにより，養親候補者の負担が軽減される）。

No. 2

▷正答　2

1　改正民法の施行後も，養子をとることができる者の年齢や競馬法における勝馬投票券の購入年齢は20歳が維持される。このほか，喫煙年齢や飲酒年齢なども20歳が維持される。

2　**正解！**　改正前は不正取得など法に違反する場合のみ，請求権が認められていた。今回の改正で，利用停止や消去等に関する個人の権利の範囲が拡充された。

3　2020年の改正法が定めた「仮名加工情報」は，企業内部の使用に限定されている。

4　改正法は，取得を知った日から3年以内の相続登記を義務づけた。また，正当な理由がないのに相続登記の申請を怠ったときは，過料（行政罰）を科すと定めた。罰金（刑事罰）ではない。

5　相続土地国庫帰属法が創設したのは，一定の要件を満たせば，相続等により土地の所有権を取得した者がその土地の所有権を国庫に帰属させることができる制度である（その際は10年分の土地管理費相当額の負担金を国に納付する）。

No. 3 犯罪や法律の規定に関する次の記述のうち，妥当なのはどれか。

1 「振り込め詐欺」や「サイバー犯罪」といった新たな犯罪が登場したこともあり，刑法犯の認知件数は18年連続で増加し，2020年には初めて300万件を上回った。

2 少年非行は減少傾向にあり，2020年の刑法犯少年の検挙人員は17年連続で減少して1万人を下回り，同年齢層の人口1000人当たりの検挙人員も減少して成人より低い水準となった。

3 児童福祉法は「児童福祉施設の長等は，監護，教育及び懲戒に関し，その児童等の福祉のため必要な措置をとることができる」と定めている。この規定に基づき，児童福祉施設の長等は必要な場合は児童に対し，体罰を加えることができる。

4 2019年の改正児童虐待防止法は，児童相談所の職員が児童を保護した場合，その職員以外の者に保護者を支援させると定めた。

5 2021年の改正ストーカー規制法は，改正前からの電話，ファックス，文書，電子メールに加えて，拒まれたにもかかわらずSNSメッセージを連続して送る行為を規制対象とした。

No. 4 法律の改正に関する次の記述のうち，妥当なのはどれか。

1 2020年の改正著作権法は，違法にアップロードされた著作物をダウンロードすることについて，違法アップロードと知らなかった場合であっても，原則として違法とすると定めた。

2 2020年の改正著作権法は，違法にアップロードされた著作物をダウンロードすることについて，違法アップロードと知っている場合はすべて刑事罰の対象とすると定めた。

3 2021年の改正著作権法は，利用者の調査研究の用に供するため，図書館が無償で著作物の一部分をメールなどで送信できるよう定めた。

4 2021年の改正少年法は，原則として逆送決定がされる対象事件に，18・19歳のときに犯した死刑，無期または1年以上の懲役・禁錮に当たる罪の事件を追加した。

5 民法上で18歳が成年年齢となることを踏まえ，2021年の改正少年法は，18・19歳のときに犯したすべての事件について，犯人の実名・写真等の報道を解禁することとした。

No. 3

1　刑法犯の認知件数は18年連続で減少を続けており，2020年は約61万件だった。ちなみに，戦後最悪の2002年の認知件数は約285万件であり，300万件を超えたことはない。

2　2020年の刑法犯少年の検挙人員は17年連続で減少したが，1万7466人と1万人を上回った。同年齢層の人口1000人当りの検挙人員も減少して2.6人となったが，依然として成人の水準（1.6人）より高かった。

3　2019年の改正法は，左記の定めの後に「ただし，体罰を加えることはできない」との条文を加え，児童福祉施設の長等による児童への体罰の禁止を明記した。

4　**正解！**　改正により，児相の職員がためらうことなく介入できるようになり，また保護者への指導も効果的に行えるようになる。

5　2021年の改正ストーカー規制法が規制対象に追加したのは，拒まれたにもかかわらず文書を連続して送る行為である。SNSメッセージは改正前から規制対象となっている。

No. 4

1　改正法が違法であると定めたのは，違法にアップロードされたことを知りながら著作物をダウンロードする場合のみである。

2　刑事罰を科すのは，特に悪質な行為に限定されている。正規版が有償で提供されている著作物のダウンロードであること，反復・継続してダウンロードを行うことが要件となっている。

3　改正法は，利用者の調査研究の用に供するため，図書館が著作物の一部分をメールなどで送信できるよう定めたが，無償ではなく，図書館が権利者に補償金を支払うことを求めている（基本的には利用者が図書館に支払うことが想定されている）としている。

4　**正解！**　18・19歳の者については，逆送決定後は20歳以上の者と原則として同様に取り扱われることとなった。たとえば，有期懲役刑の期間の上限は30年となる（17歳以下の少年は15年）。

5　改正法が犯人の実名・写真等の報道を解禁すると定めたのは，18・19歳のときに犯した事件について起訴された場合（略式を除く）である。

No. 5 日本の交通事故の現状や対策に関する次の記述のうち，妥当なのはどれか。

1 2020年の交通事故死者数は前年比で減少したものの依然として3000人を超えており，交通事故の負傷者数も前年比で減少しながらもまだ100万人を上回っている。

2 65歳以上の高齢者の人口10万人当たりの交通事故死者数は，2000年から2020年にかけて増加傾向で推移し，2020年の交通事故死者数に占める65歳以上の高齢者の割合は8割程度に達した。

3 2020年の交通事故死者数を状態別に見ると，「自動車乗車中」が全体のほぼ半数を占めて最も多く，次いで「自転車乗用中」が多くなっている。一方，「歩行中」は少なく，全体の1割程度である。

4 2020年の改正道路交通法は，いわゆる「あおり運転」を取り締まる「妨害運転罪」を創設し，他の車両の通行を妨害する目的で車間距離不保持や急ブレーキ禁止違反などの違反をした場合の罰則を定めた。

5 2020年の改正道路交通法は，高齢運転者対策を強化し，75歳以上のすべての高齢運転者に対し，運転免許証を更新する際，「運転技能検査」を義務づけた。

No. 6 日本の交通安全対策に関する次の記述のうち，妥当なのはどれか。

1 2019年の改正道路交通法は，運転中に携帯電話等を使用した者が交通の危険を生じさせた場合，罰金刑の定めを廃止し，1年以下の懲役に処すると定めた。

2 2019年の改正道路交通法は，運転中に携帯電話等を使用した者が交通の危険を生じさせなかった場合，懲役刑は設けず，10万円以下の罰金に処すると定めた。

3 2019年の改正道路交通法は，携帯電話等を保持した通話の禁止規定の適用を，自動運行装置を使用して運転している運転者については一定の条件下で除外すると定めた。

4 2019年の改正道路交通法は，自動運行装置を使用して運転している運転者については，同装置が安全運転義務を自動的に履行することから，安全運転義務を免除すると定めた。

5 2020年の改正道路交通法は，トラックを運転するのに必要な大型・中型免許やバス・タクシー等を運転するのに必要な第二種免許の受験資格を厳格化し，年齢要件や運転歴要件を引き上げた。

No. 5　　　　　　　　　　　　　　　　　　　　　　　

1　2020年の交通事故死者数は，前年に比べて376人減少して2839人となり，3000人を下回る水準となった。負傷者数は16年連続で減少し，36.9万人となった。

2　65歳以上の高齢者の人口10万人当たりの交通事故死者数は，2000年から2020年にかけて減少した。また，2020年の交通事故死者数に占める65歳以上の高齢者の割合は56.2％となっている。

3　最も多いのは「歩行中」(35.3％)で，次いで多いのは「自動車乗車中」(31.1％)となっている。これらに次ぐのが「自転車乗用中」(14.8％)である。

4　**正解！**　改正法は，他の車両の通行を妨害する目的で，その車両に交通の危険を生じさせるおそれのある方法で一定の違反をした場合の罰則を「3年以下の懲役または50万円以下の罰金」と規定。さらに，著しい危険を生じさせた場合の罰則を「5年以下の懲役または100万円以下の罰金」と定めた。

5　改正法が運転免許証更新時の「運転技能検査」を義務づけたのは，75歳以上で一定の違反歴のある運転者である。なお，運転技能検査の対象とならない高齢運転者には実車指導を実施し，技能を評価する。

No. 6　　　　　　　　　　　　　　　　　　　　　　　

1　運転中に携帯電話等を使用して交通の危険を生じさせた者に対しては，1年以下の懲役または30万円以下の罰金に処すると定めた（改正前は3か月以下の懲役または5万円以下の罰金）。

2　運転中に携帯電話等を使用した者に対し，交通の危険を生じさせなかった場合，6か月以下の懲役または10万円以下の罰金に処すると定め，懲役刑を新設した（改正前は5万円以下の罰金）。

3　**正解！**　条件は，自動運行装置の使用中，運転者が車両故障等の場合に直ちにそのことを認知し，確実に自らの運転操作に切り替えられること。

4　自動運行装置を使用して運転している運転者についても，安全運転義務を課している。

5　運転手不足の現状を踏まえ，大型・中型免許や第二種免許の受験資格を緩和し，特別な教習を修了した者については年齢要件や運転歴要件を引き下げた（19歳以上で普通免許を1年以上保有）。

●過去問研究

女性の活躍は出題でも

　女性の活躍は日本の大きな課題。これまでも女性の社会参加は各種試験でしばしば取り上げられてきた。事実，平成27年度は国家総合職が時事で「男女共同参画社会の形成」を，28年度は東京都［Ⅰ類A］が女性活躍推進法を出題している。選択肢レベルでの出題も多く，国家総合職の基礎能力試験では30年度に女性活躍推進法が，令和元年度には「政治分野における男女共同参画推進法」が取り上げられた。

　選択肢の出題パターンには，**政策・関連法の内容**（男女共同参画基本計画など），**関連用語**（クオータ制など），そして**統計**（議員に占める女性の割合など）の３つが見られる。政策が中心だが，数字にも気を配っておきたい。

消費者重視は当然

　消費者行政も公務員試験の頻出テーマ。これまで各種試験に出題例がある。

　2018年の改正消費者契約法は令和元年度の国家一般職［大卒］の時事の選択肢に登場。2019年に成立した食品ロス削減推進法については，令和２年度の東京都［Ⅰ類A］がさっそく出題した。**消費者関連の法改正**が公務員試験の重要テーマであることは明らかだ。

備えあればうれいなし

　自然災害，防災，国土強靱化に関する出題は，いろいろなパターンで可能だ。平成29年度の国家一般職［大卒］の「時事」ように，「自然災害等」だけで５択を組む場合もある。ほかに，経済対策や環境の時事とからめて出題されることもある。さらに国家総合職では，令和３年度に教養地理で，平成29年度には専門行政学で災害・防災が出た。いずれにしても，この分野の時事対策には，「備えあればうれいなし！」で臨むのが得策だ。

人口動向は面接用！

　2020年は国勢調査の年。人口が政策を考えるうえでの基本統計であることや，国勢調査の重要性を考えると，公務員試験がこの調査に言及するのは当然だろう。

　国勢調査の結果で最も重要なのは人口減少の動向。日本全体はもちろん，都道府県や市町村の人口増減にも目を向けておきたい。面接や論述試験できっと役立つはずだ。

女性が輝く社会づくり

 ここに注目 「女性の活躍」は公務員試験に出やすいテーマの1つ。関連用語も含めて徹底研究しておこう！

● 基本法・基本政策

□ **男女共同参画基本計画**‥‥2020年12月に閣議決定された第5次基本計画（2021～2025年度）は，2020年代の早期に指導的地位の女性割合を30％程度に引き上げると明記。また，**女性の安全・安心な暮らしの実現**を掲げ，暴力の根絶，貧困対策，健康支援などに取り組むとした。

□ **女性活躍推進法**‥‥**女性の職業生活における活躍を推進**するための法律。国，地方自治体，そして従業員301人以上の大企業は，女性の活躍に関する課題を調査し，その解決に向け，数値目標を含む行動計画を策定しなければならないと定めた。2019年の改正法は，101人以上の中小企業にもこれを義務化した。

□ **政治分野における男女共同参画推進法**‥‥2018年成立。政党等に対し，**立候補者の男女均等に自主的に取り組む**よう求める。2021年6月の改正法は，女性の立候補が妨げられないように，政党や国・地方自治体に**セクハラやマタハラの防止策**を求めた。また，政党に対しては男女の候補者数の目標設定を要求。候補選定方法の改善や候補者の人材育成などに取り組むよう求めた。

□ **性犯罪・性暴力対策の強化の方針**‥‥2020年策定。**女性に対する暴力の根絶**に向け，刑事罰の在り方を検討するとともに，相談体制や被害者支援を充実させる。

● 関連用語

□ **間接差別**‥‥表面上は性と無関係に見えながら，実際には男女の一方の不利益につながっている雇用規定や雇用慣行。たとえば，募集・採用にあたって身長・体力を要件とすることや，全国転勤を要件とすることなど。

□ **クオータ制**‥‥ポジティブ・アクション（積極的改善措置）の1手法。「委員の3割以上は女性とする」といったように，**性別に基づき一定の人数や比率を割り当てる**。

 女性国会議員

日本は欧米諸国などと比べ女性国会議員が少ない。その割合は衆議院では9.7％，参議院では約23％だ。ちなみに，地方議会でも女性議員の割合は低く，都道府県議会では11.5％，市議会全体では16.2％，町村議会では11.3％にすぎない。

暗記お助け

消費者行政の充実

> **ここに注目** 近年，注目度がアップしている行政分野。消費者本位の行政は今や公務員の基本姿勢！

● 消費者行政の基本政策

□**消費者基本計画**‥‥**消費者政策の基本的方向**を定めた計画。第4期基本計画（2020〜2024年度）の柱は，**消費者被害の防止**，エシカル消費などを通じた**消費者による経済・社会構造の変革**，電子商取引や国際化がもたらす**消費生活の課題への対応**，消費者教育・啓発活動の推進など。

□**エシカル消費**‥‥**社会・環境に配慮した倫理的な消費行動**。価格，品質，安全・安心とともに，消費者が商品・サービスを選ぶときの尺度となることが期待されている。

□**食品ロス削減推進法**‥‥2019年成立。国，自治体，企業，消費者に対し，食べられるにもかかわらず捨てられる「食品ロス」の削減を促す。

　同法に基づき，政府は2020年3月に「**食品ロス削減推進基本方針**」を策定。外食については「食べきり」や「持ち帰り」の励行を図るとした。

● 消費者保護

□**消費者契約法**‥‥2016年の改正法は，**高齢者の判断能力の低下につけ込む契約を規制**。同じ商品を大量に購入させた場合などに，契約の取消しができるようにした。さらに，2018年の改正法は，成年年齢の引き下げに対応した規制を追加。「取り消しうる不当な勧誘行為」に**社会生活上の経験不足を不当に利用した「不安をあおる告知」**等を加えた。

□**特定商取引法**‥‥**訪問販売や通信販売などの「特定商取引」を規制**。2021年の改正法（改正特定商取引法・預託法）では「送り付け商法」への対策が強化され，消費者は一方的に送り付けられた商品を直ちに処分できることになった。また，通販の「詐欺的な定期購入商法」については，誤認表示等を直罰化し，契約解除の妨害行為を禁止した。

□**取引デジタルプラットフォーム利用消費者利益保護法**‥‥2021年成立。オンラインモールなどの「取引デジタルプラットフォーム（取引DPF）」に関する消費者保護の規定を整備した。危険商品等の出品については首相が削除等を要請できるとし，消費者が損害賠償などを求める際には，取引DPF提供者に対し，販売業者についての情報開示を請求できるとした。

CHAPTER 12 社会問題

災害に強い国づくり

ここに注目 自然災害に見舞われやすい日本にとって，防災・減災は重要な政策テーマ。論述や面接も念頭にしっかり学習しておこう！

● 災害対策関連用語

☐ **南海トラフ地震**‥‥フィリピン海プレートとユーラシアプレートが接する海底の溝状地形＝「**南海トラフ**」付近を震源とする**大規模地震**。従来は，東海地震，東南海地震，南海地震と分けて語られてきたが，現在は南海トラフ全域での大規模地震の発生に備える状況にあるとされている。2019年に修正された「南海トラフ地震防災対策推進基本計画」には，震源域の東西どちらかだけで地震が起きたとき（半割れ）の後発地震への備えも盛り込まれた。

☐ **警戒レベル**‥‥政府は2021年，**豪雨による水害・土砂災害**に備え，防災気象情報・避難情報の出し方を刷新。警戒レベル１〜５のそれぞれで住民がとるべき避難行動を明確化した。

☐ **プッシュ型物資支援**‥‥災害発生当初の段階で，国が被災地からの要望を待たずに，**必要不可欠と見込まれる物資を調達し，被災地に緊急輸送する手法**。2016年の熊本地震から導入された。一方，避難者の多様なニーズを受け止め，被災自治体などから届く必要物資のリストに応じて，国が物資を調達・搬送する手法は「プル型物資支援」と呼ばれる。

● 国土強靭化政策

☐ **国土強靭化**‥‥ナショナル・レジリエンス。国土・経済・暮らしが，災害や事故に遭っても，**致命的な被害を負わない「強さ」と，速やかに回復する「しなやかさ」**を持つこと。

☐ **国土強靭化基本計画**‥‥国土強靭化基本法に基づき国が策定。**災害時でも機能不全に陥らない経済社会システムを平時からつくること**を提唱。2018年に改定された新基本計画は，近年の災害から得られた教訓などを念頭に，気候変動を踏まえた施策の重点化を掲げた。また，推進方針には新たに防災教育や人材育成が盛り込まれた。

☐ **防災・減災，国土強靭化のための５か年加速化対策**‥‥2020年策定。2021年度からの５年間に実施する123の具体策を掲げた。中心は**激甚化する風水害や切迫する大規模地震等への対策**。

 **社会問題の予想問題1**

No. 1　防災に関する次の記述のうち，妥当なのはどれか。

1　政府は，防災基本計画において「防災は行政の責任である」と述べ，公助による防災を最優先・最重要とする姿勢を示している。

2　政府は，国民全体が「自らの命を自らが守る」という意識を持つ社会を「防災意識社会」と呼んでいる。

3　豪雨による水害・土砂災害に関する「警戒レベル」は，「避難準備」「高齢者等避難」「全員避難」の3段階で通知される。

4　国土強靱化（ナショナル・レジリエンス）には，被害を負わない「強さ」を高め，国土の「しなやかさ」をなくすことが必要である。

5　政府は2021年度から，南海トラフ地震対策の対象地域だけに向けた「防災・減災，国土強靱化のための5か年加速化対策」を実施している。

No. 2　食品ロスに関する次の記述のうち，妥当なのはどれか。

1　食品ロスには，「売れ残り」や「食べ残し」のほか，調理過程で廃棄される「食用にできない部位」も含まれる。

2　2020年に策定された「食品ロス削減推進基本方針」は，食品衛生の観点から外食の持ち帰りを認めず，できるだけ食べきることを奨励した。

3　2020年の「食品ロス削減推進基本方針」は，生産者と事業者に対し，規格外品の有効活用などを求めている。

4　消費者庁は賞味期限前の消費の徹底を促しており，賞味期限切れ商品については，食品衛生の観点から速やかな廃棄を求めている。

5　「フードバンク」は，消費者が外食時の持ち帰り食品を貧困家庭などに届ける活動で，安定供給が課題となっている。

No. 3　消費者問題と消費者政策に関する次の記述のうち，妥当なのはどれか。

1　2020年に閣議決定された「消費者基本計画」は，感染症や災害といった緊急時の消費者対策を強化するとした。

2　2018年の民法改正で成年年齢は18歳に引き下げられたが，契約に関する未成年者の取消権は従来どおり「20歳まで」とされている。

3　2018年の「改正特定商取引法」は，いわゆるデート商法など，経験不足を利用した不安をあおる告知を「不当な勧誘行為」に追加した。

4　オンラインモールでの消費者保護については，法律上の規制はない。

5　2020年のインターネット通販に関する消費生活相談は，ネット通販に関する啓蒙が功を奏し，初めて前年比で減少した。

正答と解説

No.1 ▷正答　2

1　政府は「公助」を最優先するとの考え方には立っていない。「公助」「自助」「共助」の適切な組合せが重要であるとしている。

2　**正解！**　啓発活動を強化している。

3　警戒レベルは5段階で通知される。より明確に避難を呼びかけるため，2021年に表現が修正された。

4　国土強靱化のいう「しなやかさ」は速やかに回復できることを意味する。当然，あるほうがよい。

5　「5か年加速化対策」は，南海トラフ地震への対策のためだけに策定されたものではない。

No. 2 ▷正答　3

1　食用にできずに廃棄される部位は「食品廃棄物」である。一方，食べられるにもかかわらず捨てられる食品を「食品ロス」と呼ぶ。食品廃棄物は食品ロスを含むが，食品ロスには食品廃棄物は含まれない。

2　基本方針は外食について，「食べきり」に努めることと，できる範囲で余った料理の「持ち帰り」をすることを消費者に要請した。

3　**正解！**　「売り切り」のための工夫も求めている。

4　賞味期限は「おいしく食べられる期限」であり，賞味期限切れ商品がすぐに廃棄されないよう，啓発活動を行っている。

5　フードバンクは，事業者などから未利用食品の提供を受け，貧困や災害などで必要な食べ物を入手できない人に提供する活動である。

No. 3 ▷正答　1

1　**正解！**　不安心理につけ込む悪質商法対策などを盛り込んだ。

2　未成年者の取消権も「18歳まで」となった。

3　契約において弱い立場になりやすい消費者を守るのは，特定商取引法ではなく，消費者契約法である。

4　オンラインモールなどでの消費者保護に向け，2021年に「取引デジタルプラットフォーム利用消費者利益保護法」が制定された。

5　コロナ禍で巣ごもり消費が増加した影響などで，過去最多を記録した。

 社会問題の予想問題2

No. 4 男女共同参画に関する次の記述のうち，妥当なのはどれか。

1　女性議員の割合は，国会議員では低水準にあるが，都道府県議会議員について都市圏を中心に上昇しており，2020年末には平均でも25％を上回った。

2　2021年の改正「政治分野における男女共同参画推進法」は，女性の立候補が妨げられないよう，政党や国・地方自治体に対し，セクハラ・マタハラ防止策を求めている。

3　2019年の改正女性活躍推進法は，国・地方自治体に加え，新たに労働者301人以上の企業に対しても，女性の職業生活における活躍を推進するための行動計画の策定を求めている。

4　女性活躍推進法は，女性活躍について優良な企業に対する認定制度を創設した。認定を受けた企業は，商品や広告・求人票などに「くるみん」マークを付けられる。

5　2020年に策定された「性犯罪・性暴力対策の強化の方針」には，被害申告・相談がしやすい環境を整備することなどが盛り込まれたが，性犯罪に厳正に対処するための刑事罰に関する検討は見送られた。

No. 5 国勢調査に関する次の記述のうち，妥当なのはどれか。

1　2020年の国勢調査は，コロナ禍で実施されたため，インターネットによる回答方式が採用された。また例外的に標本調査となり，外国人は対象から外された。

2　2020年の国勢調査によると，2020年10月1日時点における日本の人口は1億2614万6000人である。日本の人口は2015年調査より大きく減少し，減少幅は5％を超えた。

3　2020年の国勢調査で明らかになったのはコロナ禍による地方への人口移動であり，都道府県別人口の前回調査との比較では，東京都が初めて人口減少を記録した。

4　2020年の国勢調査によると，市町村全体の8割を上回る1419市町村が人口減少となっており，しかもその約半数はこの5年間に5％以上も人口が減少した。

5　人口減少に伴い，日本の世帯数と1世帯当たりの平均人員はともに減少傾向にある。2020年の国勢調査では，前回調査より世帯数が約238万世帯（4.5％）減少し，平均世帯員数は2.33人から2.21人へと少なくなった。

No. 4 ▷**正答　2**

1　都道府県議会議員についても女性の参画は進んでおらず，2020年末時点の女性比率は11.5％にすぎない。

2　**正解！**　そのほか改正法は，政党に対し，男女の候補者数の目標設定，候補選定方法の改善，候補者の人材育成などを求めている。

3　301人以上の企業は，国・地方自治体とともに，改正前から行動計画の策定等の対象に含められていた。改正法により加えられたのは労働者101人以上の中小企業である。

4　「くるみん」マークではなく，「えるぼし」マークである。ちなみに，「くるみん」マークは，次世代育成支援対策推進法に基づく「子育てサポート企業」の認定制度である。

5　同方針には，性犯罪に厳正に対処できるように刑事罰の在り方を検討することが盛り込まれた。

No.5 ▷**正答　4**

1　国勢調査は標本調査ではなく全数調査であり，2020年調査も全数調査として実施された。また，日本に３か月以上滞在する見込みがある外国人は調査対象とされる。

2　日本の人口が調査時点で１億2614万6000人であったという点は正しく，2015年調査より減少したのも事実だが，この５年間の減少幅は0.7％（94万9000人）で，５％には達していない。

3　2020年調査で人口が増加したのは東京都を含む８都県だった。しかも，東京都の人口増加率は2.7％から3.9％へと1.2ポイントも拡大した。なお，コロナ禍の人口移動への影響が出るとすれば次回調査だろう。

4　**正解！**　なお，５％以上の人口減少を記録した市町村のうち245の市町村では，2015年から2020年の５年で人口が10％以上も減少していた。ちなみに，都道府県で５％以上の人口減少を記録したのは，秋田県，岩手県，青森県，高知県，山形県だった。

5　一人暮らし世帯が増えていることから，近年，日本の世帯数は増加傾向にある。2020年の国勢調査によると，日本の世帯数は前回調査より約238万世帯（4.5％）増加した。世帯員数についての記述は正しい。

索 引

執筆責任者

高瀬淳一

名古屋外国語大学世界共生学部・同大学院国際コミュニケーション研究科教授。
主著：『サミットがわかれば世界が読める』（名古屋外国語大学出版会），『政治家を疑え』
（講談社），『できる大人はこう考える』（ちくま新書），『「不利益分配」社会－個人と政治
の新しい関係』（ちくま新書），『武器としての〈言葉政治〉－不利益分配時代の政治手法』
（講談社選書メチエ），『情報政治学講義』（新評論），『情報と政治』（新評論），『サミット』
（芦書房），『行政5科目まるごとパスワードneo2』，『行政5科目まるごとインストール
neo2』，『スピード解説 国際関係』，『20日間で学ぶ国際関係の基礎』，『はじめて学ぶ国際
関係』，『論文・面接で問われる行政課題・政策論のポイント』（以上，実務教育出版）

本文組版：㈱森の印刷屋　　カバーデザイン：斉藤よしのぶ　　イラスト：高木みなこ

●本書の内容に関するお問合せについて

　本書の内容に誤りと思われるところがありましたら，お手数ですがまずは小社のブックスサイ
ト（jitsumu.hondana.jp）中の本書ページ内にある正誤表・訂正表をご確認ください。正誤表・
訂正表がない場合や，正誤表・訂正表に該当箇所が掲載されていない場合は，書名，発行年月日，
お客様のお名前・連絡先，該当箇所のページ番号と具体的な誤りの内容・理由等をご記入のうえ，
郵便，FAX，メールにてお問合せください。

〒163-8671　東京都新宿区新宿1-1-12　実務教育出版　第二編集部問合せ窓口
FAX：03-5369-2237　　E-mail：jitsumu_2hen@jitsumu.co.jp
【ご注意】※電話でのお問合せは，一切受け付けておりません。
　　　　　※内容の正誤以外のお問合せ（詳しい解説・受験指導のご要望等）には対応できません。

令和4年度試験完全対応　公務員試験　速攻の時事　実戦トレーニング編

2022年2月20日　初版第1刷発行　　　　　　　　　　　　　　　〈検印省略〉

編　者──資格試験研究会
発行者──小山隆之
発行所──株式会社実務教育出版
　　　　　〒163-8671　東京都新宿区新宿1-1-12
　　　　　☎編集03-3355-1812　販売03-3355-1951
　　　　　振替　00160-0-78270
印刷・製本──図書印刷